AF645548

*blue notes*
*106*

Josephine Baker, Helen Hessel, Georgia O'Keeffe, Frida Kahlo, Tamara de Lempicka, Louise Nevelson und Sophie Taeuber-Arp – ihre Biografien werden hier einmal anders erzählt. Im Mittelpunkt stehen Kleider und Accessoires, die sie in Schlüsselmomenten ihres Lebens trugen und die zu einem differenzierten Zeichensystem wurden: Sie enthüllen, wie diese Künstlerinnen lebten und liebten, wie sie sich nach außen darstellen wollten und was sie im Innersten ausmachte. Jede von ihnen verließ weibliche Rollenmuster und setzte sich in einem von Männern dominierten beruflichen Umfeld durch. Sie forderten für sich die gleichen Freiheiten, wie Männer sie hatten. Sie standen offen zu ihrer Weiblichkeit und Sexualität und fanden heraus, dass sie die Männer nicht mehr brauchten. Ihre Garderobe spiegelt ihr außergewöhnliches Leben wider. Sie orientierte sich nicht an Moden, sondern war wie die Trägerinnen selbst: eigenwillig, frei, weltläufig, avantgardistisch und unangepasst.

Die Autorin *Ursel Braun* in sechs Accessoires und Kleidungsstücken: * Zopfspangen mit Plastikblümchen * gestreiftes Minikleid, gekauft vom ersten selbst verdienten Geld * Vintage-Kleider, immer in Schwarz, aus der Brockensammlung Bethel, mit denen sie als Studentin durch die Nächte zog * rotes Hemdblusenkleid zum 2. Staatsexamen * dunkelblauer Issey Miyake-Mantel zum Preis einer Einbauküche. Die allerbeste Investition, denn seit vielen Jahren wohnt sie darin * weite Hosen aus Kaschmir – Barbara Vinken nennt sie »writers' pants«. Bei ihr heißen sie auf gut ostwestfälisch »Buchxen«.

Ursel Braun

# *Unangepasst*

## Künstlerinnen und ihre Kleider

ebersbach & simon

# Inhalt

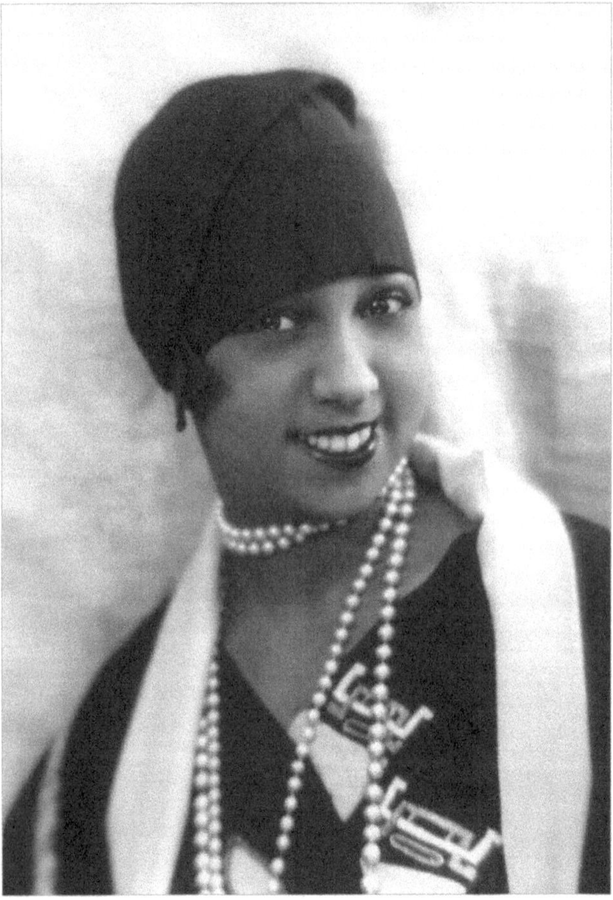

*Vom Revuegirl zum Weltstar*
*Josephine Baker, 1928*

## *Josephine Baker*
## *»Sterben möchte ich gerne atemlos …«*

Ein Kleidungsstück kann ein ganzes Leben prägen – ganz besonders, wenn es, wie in Josephine Bakers Fall, schmerzlich vermisst wird. Als Älteste unter den Geschwistern muss sie schon früh zum Unterhalt ihrer Familie beitragen. Sie liefert für ihre Mutter und Großmutter Wäsche aus, und sie betätigt sich als Babysitter. In den Stadtvierteln der Weißen in St. Louis, Missouri sammelt sie Papier auf und Zigarettenkippen. Sie geht immer barfuß, weil das Geld für Schuhe fehlt, selbst für Holz, aus denen der Vater Pantinen herstellen könnte. In der Not bastelt er aus Zeitungspapier und einem Streifen Kohlesack Behelfsschuhe für seine Kinder. Zwar bleiben sie ein fragiles Konstrukt, aber immerhin kann Josephine halbwegs trockenen Fußes durch den Schnee zur Schule laufen. Doch die Mitschüler lachen sie aus. Die Scham über die armseligen Fetzen an ihren Füßen bestimmt den Blick, mit dem die Künstlerin zeitlebens die Welt betrachten wird.

Als Kind einer schwarzen Wäscherin und eines weißen Schlagzeugers hat die kleine Josephine zu Beginn des 20. Jahrhunderts in den USA keine Chance. Gemischte Ehen sind nicht erlaubt, Kinder aus solchen Beziehungen nicht erwünscht. Sie kommt am 3. Juni 1906 als Freda Josephine McDonald zur Welt. Der Familie der Mutter ist das Kind zu hell und der des Vaters zu dunkel. Die Eltern tingeln mit Kleinkunstnummern durch Kaschemmen, der Vater setzt sich schon bald ab. Die Mutter findet einen anderen Mann und bekommt drei weitere Kinder. Die Familie lebt im Slum am Ufer des Mississippi gegenüber der Stadt, weit entfernt von den wohlhabenden Vierteln. Oft fehlt das Geld für die Miete, häufige Umzüge sind die Folge. Der tägliche Kampf ums Überleben beginnt mit dem Versuch, etwas Essbares zu organisieren. Was immer man in den Mülltonnen der Weißen findet, wird verwertet. Als sie acht Jahre alt ist, wird Josephine gegen Kost und Logis als Haushaltshilfe bei einer alleinstehenden weißen Frau untergebracht. Zum ersten Mal bekommt sie jeden Tag einen Teller Suppe und eine Scheibe Brot. Und endlich für den Winter einen Mantel und ein Paar Schuhe. Man kann sich vorstellen, mit welchem Erstaunen Josephine zum ersten Mal in ihrem Leben ein Schuhgeschäft betritt, ein dünnes, schwarzes Mädchen, barfuß, an der Hand einer weißen Dame. Wie das Kind aufsteht, ein paar Schritte geht, in ihren ersten festen Schuhen aus richtigem Leder. Und wie es strahlt.

Egal, ob sie bohnert, wäscht, bügelt oder das Gemüse putzt, immer trägt sie diese Schuhe. Einmal benutzt sie beim Waschen zu viel Seife, und die Dame verbrüht ihr zur Strafe die Hände mit kochendem Wasser. Sie wird mit Verbrennungen ins Krankenhaus gebracht. Vor ihrem Krankenbett, sorgfältig nebeneinander, stehen die Schuhe.

1917 brechen in St. Louis heftige Rassenunruhen aus, und Josephine Baker erlebt einen der schwersten Pogrome gegen Afroamerikaner. Mindestens 50 Menschen sterben, Tausende werden obdachlos. Josephine will weg aus dem Mittleren Westen, bloß weg. Schon als Kind hat sie sich in den viel zu großen, verschlissenen Kleidern ihrer Großmutter und mit einem zerdrückten Blumenhut auf dem Kopf in eine Parallelwelt geträumt: das Theater. Mit 13 kellnert sie in einem Jazzclub und schaut sich Schritte von den Tanzenden ab. Mit 14 schließt sie sich als Ankleiderin einer Tanzgruppe an, mit der sie quer durch die Südstaaten tourt. Da hat sie schon eine kurze, von ihrer Mutter arrangierte Ehe mit einem viel älteren Mann hinter sich. Sie begegnet dem Zugbegleiter Willie Baker und heiratet ihn. Vier Jahre später wird sie ihn verlassen, seinen Nachnamen behält sie ihr Leben lang. Mit 16 bekommt sie ein erstes Engagement an einer Bühne in Philadelphia.

Josephine Baker lässt sich nicht einschüchtern von ihrer Armut, ihrem Hunger und dem fehlenden Bett in der Nacht. Sie glaubt an sich, hat Witz und Mut und einen kräftigen Körper, auf den sie sich verlassen kann. Bei ihrem Debüt, als Zweitbesetzung am Ende der Chorus Line, bleibt Josephine als Einzige in Erinnerung. Sie wirbelt über die Bühne, als habe sie den Teufel im Leib, bläst die Backen auf und schneidet Grimassen. Von nun an darf sie jeden Abend eine Solonummer als tanzender Clown aufführen. Ihre Parodien, ihre rollenden Augen und ihr Schielen werden im Laufe ihrer Karriere zu ihrem Markenzeichen.

Eine Postkarte zeigt ein verblichenes Schwarz-Weiß-Foto aus dem Jahr 1927. Die Unterhaltungskünstlerin Josephine Baker ist darauf barbusig und trägt eine leicht geschürzte Show-Robe, dazu Strass und Glitter an den Oberarmen und Fußgelenken, eine sechsreihige, lange

Perlenkette mit Geklimper als Anhänger und zwei Flügel aus Straußenfedern auf ihrem Rücken. Ein Strassgürtel mit einem kleinen Dreieck bedeckt ihre Scham. Baker setzt bei ihren frühen Auftritten das einzige Kapital ein, über das sie verfügt: ihren Körper.

1925 besteigt Baker mit einem Ensemble aus erstklassigen schwarzen Tänzern und Musikern ein Schiff nach Europa. Der Erste Weltkrieg ist vorbei, und in Paris, das gerade zur Metropole avantgardistischer Kunst und extravaganter Partys avanciert ist, hat man eine Vorliebe für afrikanische Masken und »le jazz hot« entdeckt. Das mondäne *Théâtre des Champs-Elysées* in der Avenue Montaigne will eine Revue mit schwarzen Künstlern aus New York veranstalten. Die Produzenten wählen die freizügige Josephine als Solotänzerin und Gesicht der Show aus, weil sie in ihr das Potenzial für den »kalkulierten Skandal« sehen, den sie brauchen, um die teure Produktion zu einem finanziellen Erfolg zu machen. Baker hat keine Hemmungen. Für das Veranstaltungsplakat posiert sie nackt. Paris ist verblüfft. Eine solche freizügige Darstellung einer Frau hat man im öffentlichen Raum noch nie gesehen.

Die Premiere der *Revue Nègre* findet am 2. Oktober 1925 statt. Bakers *Danse Sauvage* bricht jedes Tabu. Ein muskulöser Tänzer trägt die kopfüber und mit gespreizten Beinen auf seiner Schulter liegende Josephine auf die Bühne. Sie trägt nichts außer einem Satinslip, darüber ein Röckchen aus rosa Federn und einen kleinen Halskragen aus Federn. Sie gleitet zu Boden und wirbelt mit ihrem Partner in einem orgiastischen Paarungstanz über die Bühne. Sie improvisiert, springt, rast mit der Musik, grimassiert, stampft, zuckt, windet sich wie eine Schlange, wackelt mit unglaublicher Geschwindigkeit mit dem Po. Zum Schluss tritt sie an die Rampe und blickt spöttisch schielend ins Publikum. Die Zuschauer sind verwirrt, schockiert – und elektrisiert. Binnen einer Stunde nach dem letzten Vorhang wird die Revue in den Cafés und Brasserien zum Stadtgespräch. Zehn Wochen ist sie ausverkauft. Scheinbar über Nacht hat Baker die Entwicklung vom schwarzen Revuegirl zur avantgardistischen Tänzerin vollzogen.

In den USA durfte sie nur für Weiße tanzen, in Frankreich setzt sie durch, dass ihr Publikum nicht nach Hautfarben unterschieden und zudem ihre Gage erhöht wird. Sie schickt Geld nach Hause, bezahlt ihren Schwestern eine Schulausbildung und kauft ihnen ein Klavier. Später wird sie ihrer Familie ein richtiges Haus schenken.

Verehrer überhäufen Josephine mit Liebesbriefen, Blumen, Schmuck und Pelzen. Künstler wie Man Ray, Hemingway und Cocteau feiern sie. Picasso malt sie. Der amerikanische Bildhauer Alexander Calder, der ein Jahr nach Baker in Paris angekommen ist und die radikal neue Kunstform der Drahtskulpturen entwickelt hat, formt ihren Körper zu Mobiles aus Draht nach. Die vornehme Gesellschaft wird neugierig auf das Revuegirl und lädt es zu Auftritten in ihre Salons ein. Da einige Dinnergäste sie behandeln, als käme sie direkt aus dem afrikanischen Dschungel, macht sie sich einen Spaß daraus, ihren weißen Nerz zu Boden gleiten und ihre hochelegante Abendrobe wirken zu lassen. Josephine verdient jetzt viel Geld, und sie gibt es aus. Für Maniküre, Pediküre, Friseur und im Übermaß für Kleider.

Die maßgeschneiderten Modelle von Poiret, Vionnet, Schiaparelli und Jean Patou sind für Baker die Trophäen ihres Erfolgs. Nachdem sie gehört hat, dass Schlangenleder groß in Mode ist, kauft sie eine lebende Schlange. Sie legt sich das Tier um die Schultern, knotet es wie eine Stola und führt es als eigenwilliges Accessoire spazieren.

Die *Revue Nègre* geht auf Tournee nach Brüssel und Berlin. Am Silvesterabend 1925 feiert Baker im *Nelson-Theater* am Kurfürstendamm ihre Premiere in der deutschen Hauptstadt. Die Tänzerin wird begeistert empfangen. Nach dem verlorenen Krieg und der Inflation möchten die Menschen ihr Leben in vollen Zügen genießen. Berlin liebt die schillernde Tänzerin, und sie das turbulente Berlin. »Vom Kurfürstendamm aus gesehen wirkt die Stadt auf mich wie ein funkelndes Kleinod; abends glänzt sie in einer Pracht, wie Paris sie nicht kennt. Ich bin hingerissen; die großen Cafés sind wie Ozeandampfer und die Orchester ihre Maschinen, die alles durchdröhnen und in Bewegung halten«. Im toleranten Berlin geht es weniger förmlich zu als im prachtvollen Paris. Vor ihren Auftritten isst sie Buletten mit Kartoffelsalat an der Bar des Hotels Eden und trinkt ein Pils dazu.

Eines Abends sitzt Max Reinhardt, der bekannteste Theaterregisseur der Stadt, im Publikum. Die Art und Weise, wie Baker ihre Kunst auf der Bühne zelebriert, macht Eindruck auf ihn. Er hat nicht den geringsten Zweifel: Diese Frau ist begabt und befreit die Tanzkunst von den überkommenen Konventionen des klassischen Balletts. Der Impressario führt Josephine in die Berliner Künstler- und Intellektuellenkreise ein. Doch als er ihr vorschlägt, sie drei Jahre lang am *Deutschen Theater* auszubilden, weil er aus der Haremsdame im rosa Röckchen eine große Schauspielerin machen möchte, lehnt sie dankend ab. Sie möchte frei sein und tanzen und zwar nach ihren eigenen Vorstellungen. Außerdem hat sie bereits einen lukrativen Vertrag mit dem Pariser Revuetheater *Folies Bergères* unterschrieben.

Jeder kennt Josephine Bakers Bananenröckchen. Das Original ist in ihrem ehemaligen Landsitz, dem Schloss *Les Milandes* im Perigord, in einer Glasvitrine ausgestellt. Eigentlich ist es gar kein Röckchen, sondern ein schmaler Gürtel, an dem 16 inzwischen verblichene Stoffbananen befestigt sind. Wer die Fotos in dieser Ausstellung genauer betrachtet, sieht auch, wie Baker ihr Markenzeichen im Laufe von vier Jahren verändert hat. Das Fruchtröckchen, das ursprünglich ironisch mit dem Klischee der Exotik spielt, die das weiße Publikum zu Beginn der 1920er Jahre mit einer schwarzen Varietétänzerin verbindet, wird zu einer Waffe. Zuerst werden die harmlosen Stoffbananen mit kleinen Ausbuchtungen versehen, dann bekommen sie Zacken und Stacheln, werden kürzer und kompakter, und schließlich sehen sie aus wie Handgranaten. Zum ersten Mal trägt Baker den Bananengürtel im Jahr 1926. Sie ist der Star in den *Folies Bergères*. Eine riesige Kugel, mit Blüten besetzt, schwebt vom Schnürboden auf die Bühne, öffnet sich, Baker erhebt sich darin und demonstriert ihre erotisch-sinnliche Tanzkunst auf ihren vielfachen Spiegelbildern. Sie trägt riesige Strassohrringe, eine dreifache lange Perlenkette, Armspangen aus Perlmutt, strassbesetzte Knöchelspangen und Sterne auf den Brustwarzen.

Dazu den Gürtel mit 16 Stoffbananen, die bei jedem ihrer Tanzschritte neckisch nach oben wippen.

Baker wird in jeder Hinsicht zur Ausnahmeerscheinung: Sie ist eine junge, schwarze, durch Talent und eigene Arbeit zu Geld gekommene Frau. Das gibt ihr die Freiheit zu leben, wie sie es will. Sie macht den Führerschein. Sie geht mit Männern und Frauen ins Bett. Sie flirtet mit den Journalisten.

Ihre neue Liebe ist eine dubiose Figur aus dem Pariser Nachtleben. Pepito Abatino, ein charmanter Gigolo, macht *bella figura* mit Smoking und Monokel. Er nennt sich Graf Abatino, stammt angeblich aus altem Adel und wird ihr Manager. In Wahrheit ist er ein sizilianischer Steinmetz. Der geschäftstüchtige Mann macht aus Josephine eine Marke. Er verordnet ihr Gesangs- und Tanzunterricht, bringt ihr bei, sich für den Fünf-Uhr-Tee angemessen zu kleiden und endlich korrekt Französisch zu sprechen. Baker lernt schnell. Sie schult ihre Stimme und erweitert ihr Schrittrepertoire. Sie spielt Tennis, reitet und macht den Pilotenschein. Mademoiselle Baker und Conte Abatino lassen ihre Gäste von einem Butler in Livrée bedienen. Der Champagner fließt zum Frühstück, zum Lunch und zum Dinner.

Abatino besorgt seinem Schützling Schallplattenverträge und Filmrollen, lässt Bakers Autobiografie schreiben und vermarktet sie als Werbefigur. Feine weiße Damen wollen gebräunte Haut und kurz geschnittene, mit Pomade streng zurückgebürstete Haare wie »die schwarze Venus«. Der Haarlack »Bakerfix« und die Bräunungscreme »Baker Skin« finden großen Anklang, während Josephine jeden Morgen zwei Stunden ihre Haut mit Zitronen massiert, in dem vergeblichen Versuch, sie aufzuhellen. Es gibt Baker-Schals, Baker-Parfüms und Baker-Kleider. Kinder spielen mit braun angemalten Baker-Puppen. Der umtriebige Manager organisiert für sie eine Tournee rund um die Welt, die durch 25 Länder führt und zweieinhalb Jahre dauert.

Auf der Rückreise von Rio nach Frankreich ist auch der Architekt Le Corbusier an Bord des Passagierdampfers *Lutetia*. Er hat soeben eine Vortragsreise durch Brasilien abgeschlossen. Unter den noblen Gästen der 1. Klasse fällt ihm besonders die attraktive, schwarze Tänzerin auf. Wie sie mit ihren freizügigen Auftritten hat auch er mit seinen innovativen Bauten für Skandale gesorgt. Baker lässt sich von Le Corbusier in seiner Kabine nackt malen. Er ist beim Dinner ihr Tischherr und vielleicht danach ihr Liebhaber.

1930 ist Baker wieder in Frankreich. Sie erhält ein Engagement im renommierten Nachtclub *Casino de Paris*. Der Produzent übergibt Josephine Baker ein ausgefallenes Geschenk – einen gezähmten Geparden namens Chiquita. Fortan flaniert sie mit der Raubkatze über die Pariser Boulevards, macht mit ihr Urlaub in Deauville und führt sie aus ins Theater. Beide tragen das gleiche mit Diamanten geschmückte Halsband. Diana Vreeland, die spätere Chefredakteurin der amerikanischen *Vogue*, beschreibt das Spektakel so: »Sie war wunderschön gekleidet, trug einen fantastischen kurzen, schwarzen Rock und ein Blüschen von Vionnet … Auf der Straße wartete ein riesiger silber-weißer Rolls Royce auf sie. Der Chauffeur öffnete den Schlag, sie ließ die Leine los, der Gepard … sprang mit einem Satz auf den Rücksitz, Josephine tat es ihm gleich, die Tür wurde geschlossen, und sie waren fort. Ach! Welche

Bewegung! Es war Geschwindigkeit in all ihrer Schönheit. Stilvoll.«

Nach der langen Welttournee betritt eine gereifte Josephine Baker die Bühne. Als gefeierter Weltstar muss sie nicht mehr auf Nacktheit setzen, um Menschen ins Revuetheater zu locken. Sie trägt einen Badeanzug, der mit funkelnden Strasssteinchen besetzt ist. Eingearbeitet ist eine Halterung für zwei riesige, weiße Flügel und eine gewaltige Schleppe aus Straußenfedern. Graziös setzt sie mit ihrem komplizierten Outfit ihre Schritte auf den Stufen der Showtreppe, lächelt huldvoll und plaudert charmant in perfektem Französisch mit dem Publikum. Sie singt ihre neue Hymne »J'ai deux amours, mon pays et Paris«. Das Bananenröckchen hat ausgedient. Aus dem Tingeltangel-Mädchen ist ein glamouröser Weltstar geworden. Da ist sie gerade einmal 24 Jahre alt.

Ihre exquisite Garderobe enthält alles, was chic ist: Den Nachmittagskleidern aus Schantungseide, passenden Foulards, kleinen Kappen aus Filz und Taschen aus Wildleder sieht man an, dass sie ein Vermögen gekostet haben. Es sind die Toiletten einer erfolgreichen Frau, die beim Pferderennen oder auf der Tribüne im Tennisstadion Roland Garros einen Status repräsentiert. 1936 gilt Josephine Baker als reichste schwarze Frau der Welt.

Der Versuch allerdings, Mitte der 1930er-Jahre in New York an ihre in Europa errungenen Erfolge anzuknüpfen, misslingt. Während ihr Paris zu Füßen liegt, schlägt ihr in ihrer alten Heimat Hass entgegen. Sie ist der Star der *Ziegfield Follies*, die erste schwarze Tänzerin, die in der New Yorker Revue auftritt, aber die Kritiker schreiben hämische Verrisse, nach der Devise,

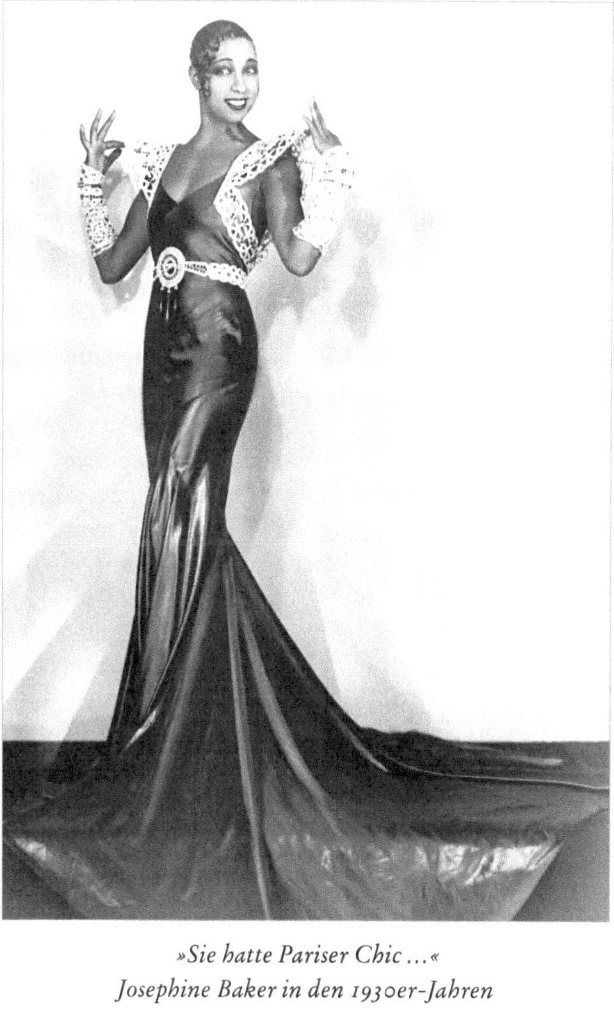

*»Sie hatte Pariser Chic …«*
*Josephine Baker in den 1930er-Jahren*

ein schwarzes Frauenzimmer wie sie habe bei den übersättigten Europäern mit ihrer Vorliebe für Jazz vielleicht gute Startbedingungen, für das anspruchsvolle Publikum in Manhattan sei sie aber nur eine Schwarze mit vorstehenden Zähnen. In Hotels und Restaurants muss sie den Hintereingang benutzen. Einzig der Verleger Condé Nast lädt sie zu einer Party ein, auf der auch Diana Vreeland zu Gast ist: »Ein historisches Ereignis: eine Schwarze im Haus. Der berühmte Pariser Coiffeur Antoine hatte ihr Haar wie das eines jungen Griechen frisiert – kleine, sich an den Kopf schmiegende Löckchen –, dazu trug sie ein weißes Kleid von Vionnet, im Diagonalschnitt wie ein Taschentuch mit vier Ecken geschneidert. Keine Öffnung, kein Verschluss, man zog es einfach über den Kopf, es schmiegte sich um einen und bewegte sich mit der Leichtigkeit und Geschmeidigkeit des Körpers ... Und zwischen ihren flachen schwarzen Löckchen saßen Schmetterlinge aus weißer Seide. Sie hatte Pariser Chic.«

Sieben Jahre ist sie da mit Abatino zusammen. Der gewiefte Manager hat inzwischen ihren gesamten Besitz auf seinen Namen eintragen lassen. Er achtet streng darauf, dass sie täglich ihre Gesangs- und Tanzübungen macht. Er sperrt sie sogar zu Hause ein und wird handgreiflich. Eines Morgens steigt sie in ihren Roadster und fährt mit nichts außer dem, was sie am Körper trägt, davon. Wenige Monate nach der Trennung stirbt Abatino. Den Großteil seines Vermögens hinterlässt er Josephine Baker.

Zu den Kleidern, die das Leben der Entertainerin Josephine Baker erzählen, gehört auch eine Militäruniform. Durch eine kurze Ehe mit dem französisch-jüdischen Geschäftsmann Jean Lion hat Baker 1937 die französische Staatsangehörigkeit angenommen. Bald nach der Trennung beginnt der Zweite Weltkrieg. In Paris gehen die Lichter aus. Ohne zu zögern unterstützt Baker den Kampf gegen Hitlerdeutschland. Da sie einen Pilotenschein hat, schließt sie sich den *Infirmières Pilotes – Secouristes de l'Air* an, einem Korps fliegender Krankenschwestern. Sie bietet dem französischen Geheimdienst ihre Unterstützung an und führt in den kommenden Jahren ein gefährliches Doppelleben. Im Sommer 1940 wird das Land nach der Besetzung durch Hitlers Truppen zweigeteilt. Baker zieht sich in ihr Refugium, das Schloss *Les Milandes*, zurück, das in der sogenannten freien Zone liegt. Insgeheim arbeitet sie von hier aus für die Résistance und de Gaulle. Aufgrund ihres Status als internationaler Revuestar kann sie frei reisen und hat Zugang zu höchsten Kreisen. Auf Partys in europäischen Konsulaten, Botschaften und Ministerien belauscht sie Nazi-Offiziere und erhält Informationen über die Truppenbewegungen der deutschen Wehrmacht. *Les Milandes* wird zu einem Dreh- und Angelpunkt des Widerstands. Baker versteckt Waffen für Widerstandskämpfer im Schlosskeller und beherbergt jüdische Freunde und Flüchtlinge. Zu Beginn der Landung der Alliierten in Nordafrika tritt sie im Rang einer Propagandaoffizierin der freien französischen Luftwaffe als Truppenunterhalterin auf.

Soldatin Baker führt ein spartanisches Leben. Sie schläft in Zelten und trägt, wie alle anderen, die französische Militäruniform, also Hemd und Hose aus strapazierfähigem Drillich und klobige Lederstiefel. Die

Botschaft hinter dieser Kleiderwahl enthüllt, dass die Entertainerin nicht daran denkt, aufgrund ihrer Sonderrolle Privilegien einzufordern. Bei ihren Auftritten an den Kriegsschauplätzen zwischen Marrakesch und Kairo besteht sie darauf, dass schwarze und weiße Soldaten gemeinsam die Konzerte besuchen und nebeneinandersitzen dürfen. Sie spielt über drei Millionen Francs ein, die sie der Résistance übergibt. Für ihre militärischen Dienste erhält Josephine Baker nach Kriegsende die große Verdienstmedaille der Résistancekämpfer, das große Lothringerkreuz und Frankreichs höchsten Orden, die Rosette der Ehrenlegion.

Nach Kriegsende kehrt Baker regelmäßig in die USA zurück und nutzt ihre Berühmtheit, um als politische Aktivistin Rassendiskriminierungen anzuprangern. Sie besteht darauf, nur noch in Nachtclubs aufzutreten, wo schwarze und weiße Zuhörer gemeinsam ihre Shows besuchen dürfen, und erreicht, dass erstmalig einige weiße Clubs für ein schwarzes Publikum geöffnet werden. Im August 1963 nimmt sie an der Seite von Martin Luther King an der Großdemonstration für die Rechte der afroamerikanischen Bevölkerung in Washington teil. Als einzige Frau ergreift sie auf den Stufen des *Lincoln Memorial* vor 250.000 Menschen das Wort – in ihrer französischen Militäruniform mit allen Verdienstorden. Ihre Kleiderwahl zeigt, wie stolz sie letztlich doch auf ihren Einsatz ist.

Das Schloss *Les Milandes* liegt in der lieblichen Landschaft des südwestfranzösischen Perigord. Von 1945 bis 1968 ist der Renaissancebau Josephine Bakers Hauptwohnsitz. Fotos zeigen sie, ganz adrette französische

Hausfrau, mit Chignon, weißer Bluse mit Bubikragen und bestickter Halbschürze. Ihr neuer Look bezeugt den vollständigen Rollenwechsel der Entertainerin. Seit 1947 ist sie Besitzerin des Anwesens, also Schlossherrin, und dazu erneut eine verheiratete Frau: an ihrer Seite ihr Orchesterleiter, der französische Musiker Jo Bouillon. Sie lebt jetzt in einer Welt, in der Kleidung keine große Rolle spielt. Sie muss sich nicht mehr als Sexobjekt ständig neu erfinden, niemanden mehr beeindrucken und sich keine Gedanken mehr um ihre krausen Haare machen. Meist kämmt sie sie straff zurück und bändigt sie durch einen Haarreifen oder ein Tuch. In der Küche trägt sie bestickte Schürzen. Denn sie hat jetzt ein Zuhause und Zeit und Muße zu kochen.

Da die Modernisierung des Anwesens viel Geld verschlingt, lässt Baker auf dem Schlossgelände den ersten Vergnügungspark in der Region Aquitaine errichten. Um die 150 Angestellten des Betriebs unterbringen zu können, lässt sie das an das Anwesen angrenzende Dorf erweitern. Sie holt ihre Mutter und ihre Geschwister aus den USA zu sich. Ihre Schwester Margaret eröffnet eine Bäckerei im Dorf, ihr Bruder Richard eine Tankstelle. Im ersten Sommer besuchen mehr als eine halbe Million Menschen *Les Milandes*.

Fünf Jahre nach ihrem Umzug ins Perigord möchte Josephine sich mit Ende Vierzig den Traum von einer eigenen Familie erfüllen. Eigene Kinder kann sie nicht mehr bekommen, doch Monsieur und Madame Bouillon haben die besten Voraussetzungen, Kinder zu adoptieren. Sie sollen von unterschiedlicher Herkunft, Religion und Hautfarbe sein, denn die Künstlerin will ein Exempel statuieren: Verheiratet mit einem Weißen, möchte sie der Welt demonstrieren, dass Menschen verschiedener Hautfarbe, Religionen und kultureller Hintergründe als Brüder und Schwestern friedlich miteinander leben können. Insgesamt zwölf Schützlinge aus allen Erdteilen holt sie nach *Les Milandes*, zehn Jungen und zwei Mädchen – Waisenkinder, Kriegs- und Armutsopfer, denen sie mit Hingabe ein neues Zuhause schafft. Jo Bouillon kümmert sich mit Hilfe des Personals um Haushalt und Erziehung.

Baker selbst versucht, durch Tourneen und Plattenaufnahmen die materielle Basis für den Unterhalt des riesigen Anwesens und der großen Familie zu schaffen, beides verschlingt Jahr für Jahr Millionen. Die Führung des Freizeitparks gestaltet sich als schwierig bis unmöglich. Jo Bouillons Warnungen verhallen ungehört, seine Frau ignoriert die finanziell prekäre Situation. 1961 verlässt Bouillon seine Familie und geht nach Argentinien, doch fühlt er sich weiter für seine Kinder verantwortlich. Das Paar lässt sich nie scheiden.

Im Frühjahr 1969 geht ein erschütterndes Foto um die Welt. Es zeigt Josephine Baker ohne die Perücke, die ihr durch ständiges Glätten inzwischen brüchig gewordenes Haar kaschiert, auf den Stufen vor ihrem Schloss. Sie trägt ein Nachthemd, eine ballonförmige Nachtmütze und einen wattierten Bademantel. Niemals hat die Nackttänzerin Josephine Baker entblößter ausgesehen. Die vor dem Schlosstor wartenden Paparazzi erkennen ihre Chance.

Schon fünf Jahre zuvor ist zum ersten Mal die Zwangsversteigerung von *Les Milandes* angekündigt worden. Sie kann in letzter Sekunde verhindert werden, vor allem dank des Engagements von Brigitte Bardot. Trotz der großzügigen Spenden spitzt sich die Situation weiter zu. Baker verkauft ihre Kleider, Juwelen und Bilder, doch im April 1968 kommt es unter dramatischen Umständen zur Zwangsversteigerung. Dieses Mal lässt sich keine Hilfe mobilisieren. Das Schloss kommt für ein Fünftel des drei Jahre zuvor geschätzten Wertes unter den Hammer. Am 19. Februar 1969 wird ein Großteil ihrer Möbel zwangsversteigert, Wasser und Strom werden abgestellt. Die Kinder sind inzwischen zu Teenagern herangewachsen und in einem Internat 20 km vom Schloss entfernt untergebracht. Ab dem 15. März 1969 verbarrikadiert Baker sich drei Tage lang in der Küche, wird jedoch schließlich auf Anweisung der neuen Eigentümer gewaltsam aus dem Schloss gezerrt. Sie verbringt die Nacht auf der Schwelle. Körperlich und nervlich völlig erschöpft, wird die nun Obdachlose am nächsten Morgen ins Krankenhaus von Perigueux gebracht. Nach ihrer Genesung nimmt sich Fürstin Gracia Patricia, eine enge Freundin der Künstlerin, Josephines an und stellt ihr und den Kindern in Monaco eine Villa zur Verfügung.

Josephine Baker ist gezwungen, mit über 60 Jahren wieder die Bühne zu erklimmen, um ihre Schulden abzubezahlen und ihre große Familie zu finanzieren. Allerdings bleibt das Interesse an den Auftritten des einstigen schwarzen Superstars zunächst mäßig, bis ein Kreis von Unterstützern und Freunden die Initiative ergreift. Eine Gala im Rahmen des Rotkreuzballs des Fürstentums Monaco im Jahr 1970 ist ein großer Erfolg. Die Show wird anschließend vom Pariser Revuetheater

*Bobino* übernommen. Wochen vor der Premiere sind alle Karten ausverkauft.

Sich mit Anfang 60 ständig in Form zu halten und einen dreiviertelstündigen Live-Auftritt mit Gesang und Tanz leicht und mühelos aussehen zu lassen, ist vor allem eins: sehr harte Arbeit. Mit eisernem Willen hält Baker ihre Kondition. So spärlich ihre Bühnenkleidung früher war, so aufwendig sind die Kostüme und das Make-up, das Falten und Tränensäcke überdecken muss, im Alter. Glitter und Glanz sind jetzt vor allem eins: Illusion. Bakers Biografin Phyllis Rose zitiert eine amerikanische Künstlerin, die die Entertainerin in der Garderobe vor einem Auftritt beobachtet hat: »Ich dachte: ›Eine x-beliebige Tante aus Saint Louis. Was soll das ganze Getue?‹ Die intelligenten, aber melancholischen Augen, die bizarren künstlichen Wimpern hinter den Bifokalgläsern, die Hängebacken, der leicht gekrümmte Rücken, die kleine, ziemlich untersetzte Figur wirkten in dem bis hoch über die Hüften geschlitzten Chorus-Girl-Kostüm einfach lächerlich. Doch mitten in einem durchaus großmütterlichen Geplauder erhielt La Joséphine, damals 64, das Zeichen für ihren Auftritt. Und vor meinen ungläubigen Augen kam aus dem verrunzelten, altersschwachen Gehäuse der Superstar zum Vorschein. Sie schien Pfunde abzuwerfen. Der Rücken streckte sich, die Oberschenkel strafften und dehnten sich in die Länge, der Bauch wurde flach, die Hängebacken verschwanden. Die Brille wurde schleunigst mit dem strassbesetzten Mikrofon vertauscht, das Kinn gereckt, der Kopf in den Nacken geworfen, und die Josephine der Pariser Träume erschien plötzlich wie durch ein Wunder auf der Bühne.«

Zu ihrem 50. Bühnenjubiläum in Frankreich zwängt die Künstlerin sich für ihre autobiografische Revue *Joséphine* noch einmal in ein ambitioniertes Showkostüm mit High Heels. Ein Kampfanzug. Er hat gepolsterte Schultern, lange Ärmel und ein eingearbeitetes Korsett. Auf dem Kopf balanciert sie einen kolossalen Aufbau aus türkisfarbenen, buschigen Straußenfedern. Die Pressevorstellung am 24. März 1975 gerät zum Triumph. Baker steht bis zum 9. April jeden Abend auf der Bühne. Sie macht schon Pläne für eine Welttournee, doch sie ist erschöpft. Sie hat bereits zwei Herzinfarkte hinter sich; ihr Körper, dem sie ein Leben lang viel abverlangt hat, ist am Ende. In der Nacht nach der zweiten Vorführung feiert sie den Erfolg mit Freunden auf einer Party. Zu Hause erleidet sie einen Schlaganfall und fällt ins Koma. Baker stirbt am 12. April 1975 morgens um 5.30 Uhr an den Folgen einer Hirnblutung. Damit verlässt sie die Welt so, wie sie es sich mit 21 Jahren gewünscht hat: »Sterben möchte ich gerne atemlos, erschöpft, am Ende eines Tanzes.«

Das letzte Kleidungsstück von Josephine Baker war kein weißes Totenhemd, sondern ein hautenger, türkisfarbener Jumpsuit, über und über mit Strasssteinen bestickt. Diese unorthodoxe Entscheidung am Ende eines unorthodoxen Lebens trafen die beiden Schwestern der Künstlerin nach deren Tod. Die Tänzerin trug im Sarg das Bühnenkostüm, das für einen ihrer größten Triumphe steht: für ihr umjubeltes Alters-Comeback in der Pariser Konzerthalle *Bobino*.

Die Trauerfeier für die Grande Dame des Revuetheaters findet am 15. April 1975 in der Kirche La Madeleine in Paris statt. Frankreich ehrt seine Veteranin mit einem

Staatsbegräbnis. Mehr als 20.000 Menschen begleiten den Sarg, der in einem mit Blumen bedeckten Leichenwagen durch die Stadt gefahren wird. Die Beisetzung erfolgt in Monaco. Fürstin Gracia Patricia lässt die sterblichen Überreste am 2. Oktober 1975 in eine Gruft betten.

2021 erhält Baker ein Ehrengrab im Pariser Panthéon. Unter den 80 in der nationalen Ruhmeshalle zur Ruhe gebetteten Menschen, darunter der Philosoph Voltaire, die Schriftsteller Alexandre Dumas, Victor Hugo und Emile Zola, ist Baker die erste schwarze Frau.

## *Helen Hessel*
## *»Niemand kann so lieben wie ich ...«*

Helen Hessels fast 100-jährige Lebensreise beginnt am 30. April 1886. Sie wächst als jüngste Tochter des Bankiers Fritz Grund und seiner Frau Julie Anna Butte mit vier Geschwistern in einem imposanten Gründerzeithaus in Berlin-Charlottenburg auf. Doch früh gibt es kleine Risse in der schönen Fassade der Familie. Die wohlhabende Verwandtschaft beobachtet mit Sorge, dass der musikbegeisterte Grund seine Tage lieber zu Hause am Klavier als im Kontor verbringt. Die Folge seiner Sorglosigkeit wird der Konkurs seiner Bank sein. Mit der ehelichen Treue nimmt er es, wie später auch seine Tochter, nicht so genau. Ein Hausmädchen wird von ihm schwanger und lebt auf seinen Wunsch hin mit ihrem Kind im Haushalt der Familie. Helens Mutter wird mehrfach wegen depressiver Zustände in einem Schweizer Sanatorium behandelt.

Helen ist fest entschlossen, später ein anderes Leben zu führen als ihre Mutter. Mit 15 Jahren überzeugt sie ihren Vater davon, dass für sie die Zeit gekommen ist, die Familie zu verlassen. Sie ist neugierig auf Menschen, sie möchte jeden Tag das Leben feiern. Kein Stäubchen ist an ihrem roten Hut, als sie 1901 nach London reist. Obwohl sie mit ihrer extravaganten Kopfbedeckung – Maßanfertigung, edelster Filz, der sich wie Seide anfühlt – die Kleiderregeln ihrer konservativen Londoner

Verwandtschaft außer Kraft setzt, wird sie herzlich aufgenommen. Voller Lebenslust kehrt sie nach Berlin zurück. »Ich möchte, dass das Leben nie aufhört, um alles machen zu können, was ich liebe. Schwimmen, Tennis spielen, segeln, es ist so herrlich, und essen und schlafen.« Helen entdeckt ein weiteres Vergnügen: die Malerei. Sie meldet sich an der Damenakademie des Berliner Künstlerinnenvereins an, an der auch Käthe Kollwitz unterrichtet, studiert aber ohne besondere Ambitionen. Während einer Sommerakademie in Blankensee in Brandenburg trifft sie den südfranzösischen Blumenmaler George Mosson. Der 30 Jahre ältere Mitbegründer der Berliner Secession ist ihre erste große Liebe. Über die Zukunft macht Helen sich wenig Gedanken, sie lebt im Moment, ist Dauergast im *Romanischen Café* und in den Homosexuellenbars und genießt ihre Privilegien. Gegen alle Konventionen lebt sie sieben Jahre mit Mosson zusammen, bis sie sich entschließt, ihr Studium in Paris fortzusetzen.

In den Straßencafés des *Quartier Latin* zieht die große, sportliche Berlinerin mit den blauen Augen und den langen, blonden Haaren im Sommer 1912 alle Blicke auf sich. Sie ist nicht nur bildschön, sondern auch brillant, raucht Zigarren, kann boxen und ausgezeichnet schwimmen – am liebsten im Meer, je kälter, desto lieber. Im *Café du Dome* am Boulevard Montparnasse setzt sich eines Abends im Spätherbst ein rundlicher Herr neben sie auf die rote Polsterbank. Es ist Franz Hessel, Schriftsteller und Flaneur aus wohlhabender jüdischer Familie. Er blickt interessiert auf die hochgewachsene Schönheit, die in allem das Gegenteil von ihm

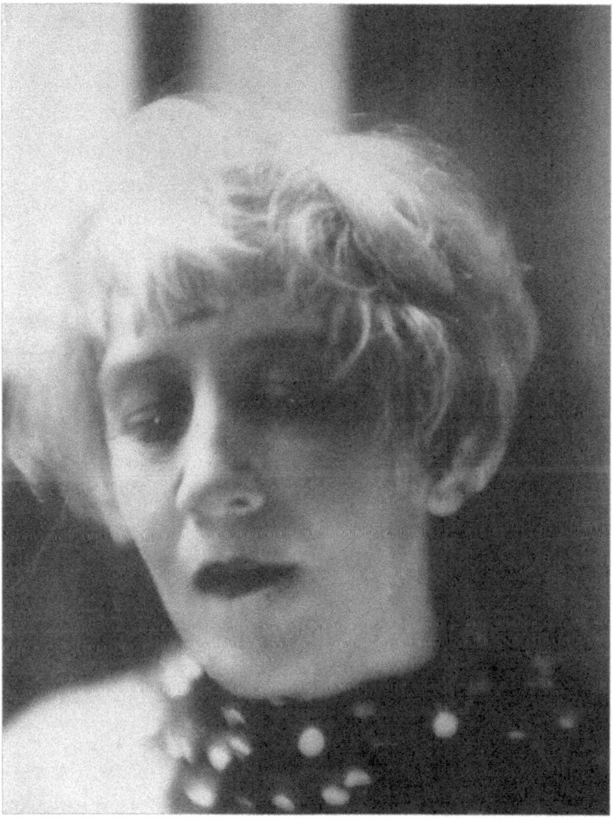

*»Ich möchte, dass das Leben nie aufhört …«*
*Helen Hessel 1929, porträtiert von Marianne Breslauer*

ist: ein quicklebendiges, sorgloses Wesen von großem Charme – und großer Macht. Wie sie sich präsentiert in lässigen, weißen Segeltuchhosen mit weitem Bein und einem weißen, kastig geschnittenen Pullover, zeigt formidablen Geschmack und Mut. Hosen an Frauen gelten als anstößig. Sie betonen Hüften, Po und Beine wirkungsvoll, statt sie wie ein langer, gerüschter Rock zu verhüllen. Sorglos entfaltet Helen Grund darin ihr erotisches Potenzial und führt vor Augen, dass sie Ungewöhnliches wagt.

Franz Hessel, so beschreibt ihn Helens Freundin Charlotte Wolff, »sah aus wie ein Buddha, er lächelte sanft, sein runder Kopf war kahl. In seinem großen Gesicht, den braunen Augen, den vollen Lippen und seinem heiteren Ausdruck verband sich die Verinnerlichung östlicher Meditation mit dem Wesen eines französischen Gourmets. ... er war ein exzellenter Koch. Bei ihm fühlte man sich behaglich und geborgen wie bei einer fürsorglichen Mutter.« Ein Jahr lang wirbt Hessel um Helen, bis er um ihre Hand anhält. »Du hast viel Mut«, schreibt sie ihm, »ich bin weder treu, noch nützlich, und ich habe kein gutes Herz.« Worauf er antwortet: »Es gibt immer noch die Scheidung, wenn Sie keine Lust mehr haben – ich liebe Sie.« Hessel bietet Helen eine Verbindung, die ihr eine lebenslange Versorgung garantiert. Im Gegenzug bittet er sie darum, sein ungebundenes Schriftstellerleben nicht aufgeben zu müssen. Die Aussichten des Paares scheinen rosig: Sie werden aufgrund des Reichtums seiner Familie ein sorgloses Leben führen. Sie wird ihn um den Finger wickeln und ein Gesetz aufstellen. Es lautet: »In einer Ehe muss wenigstens einer treu sein. In unserem Fall er.«

Kaum sind die Zukunftsvisionen formuliert, schon fällt das Kartenhaus zusammen. Nachdem der Schriftsteller ein Jahr seine Arbeit vernachlässigt hat, um Helen zu erobern, nimmt er, kaum von der Hochzeitsreise zurück, die das Paar in Begleitung von »La Schwie« in Südfrankreich verbracht hat, seine alten Gewohnheiten wieder auf und setzt sich jeden Morgen an den Schreibtisch. Stunde um Stunde klappert seine kleine Schreibmaschine, was die junge Ehefrau verdrießlich stimmt. Sie ist voller Lebenslust, schnell gelangweilt und braucht Aufmerksamkeit. Wie dringlich dieses Bedürfnis ist, wird sie ihm während eines Abendspaziergangs an der Seine demonstrieren. Hessels bester Freund ist mit von der Partie, der Kunsthändler Henri-Pierre Roché. Helen, die sich von den beiden Freunden zu wenig beachtet fühlt, nimmt Anlauf und springt ins Wasser. Es wird nicht der letzte fingierte Selbstmordversuch in ihrem Leben sein, aber vielleicht das großartigste Exempel ihres kapriziösen Verhaltens. Franz Hessel steht fassungslos am Quai, Roché hechtet in die trübe Brühe und zieht Helen an Land. Noch lange liegt sie am Ufer und ringt nach Luft. Triumph genug. Jetzt ist sie das Zentrum, beide Männer kümmern sich um sie.

Sommer 1914. Helen Hessel ist 28 Jahre alt und hochschwanger, die Zeichen stehen auf Krieg zwischen Frankreich und Deutschland. Plötzlich gelten die Hessels in Paris als unerwünschte Ausländer und müssen Frankreich verlassen.

Im Juli 1914, wenige Tage vor Kriegsbeginn, bringt Helen ihren Sohn Ulrich in Genf zur Welt. Schon acht Tage nach der Geburt zieht Franz Hessel in den

Krieg. Helen bleibt mit dem Neugeborenen zurück – das sich, beeinträchtigt durch einen Geburtsschaden, zum Sorgenkind entwickelt. Ulrich ist Epileptiker und bleibt halbseitig gelähmt. Die junge Mutter setzt alles daran, ihren Erstgeborenen durchzubringen, und päppelt ihn mühsam auf. Sie geht zurück nach Berlin und findet eine schöne, große Wohnung in der Friedrich-Wilhelm-Straße am Tiergarten.

Ein 1916 in Berlin aufgenommenes Foto zeigt Helen Hessel auf einer Chaiselongue, liebevoll hält sie ihren Sohn im Arm, zärtlich und ernst ruht ihr Blick auf ihm. Die Ehe und die Mutterschaft haben sie äußerlich verändert. Ihre Kleidung ist praktisch und seriös. Eine weiße Bluse mit weiten Ärmeln und Bändern schließt sich an einen langen, dunklen Rock an, der sich weich fließend um ihren Körper schmiegt. Ihre Haare sind dunkler, sie trägt sie zu einem strengen Nackenknoten gebunden. Sie ist nun ganz Ehefrau und Mutter.

Drei Jahre später bringt Helen ihren Sohn Stéphane zur Welt, kurz darauf ist der Krieg vorbei. Franz Hessel ist äußerlich unversehrt, aber innerlich »zerschossen«. Eine lähmende Unzufriedenheit breitet sich über dem wieder vereinten Ehepaar aus. Hessel fühlt sich von den Ansprüchen seiner Frau überfordert. Er zieht sich in sein Zimmer zurück und arbeitet an einer Neuübersetzung der *Ilias*. Helen, ausgelaugt von den schweren Kriegsjahren, der alleinigen Verantwortung für die Familie und der Sorge um ihren kranken Sohn, übergibt die Kinder der Verantwortung ihres Mannes und geht nach Schlesien. Den Herbst und Winter 1919/20 verbringt sie damit, auf einem Landgut ihr Glück im einfachen Leben zu suchen, wozu für sie auch gehört, den

Gutsbesitzer zu verführen. Nach sechs Monaten kehrt sie erholt nach Hause zurück. Ihre Welt ist wieder im Lot.

Franz Hessel ist derweil mit seinen Söhnen und der Kinderfrau Emmy Töpfer aus dem krisengeschüttelten Berlin aufs Land gezogen. Im oberbayerischen Hohenschäftlarn in der Nähe des Starnberger Sees hat er die »Villa Heimat« gemietet. Die Rückkehr seiner Frau erwartet er in der Hoffnung, abseits der Metropole mit ihr ein harmonisches Leben führen zu können. Sie arbeitet an einer Tanznummer für ein Münchner Kabarett, liebäugelt aber auch mit der Schauspielerei und schreibt Gedichte. Die Malerei hat sie, sprunghaft wie sie ist, inzwischen aufgegeben. Sie ernährt sich vegetarisch und tanzt nackt und unbefangen im Garten zwischen Blumen und Bäumen die expressiven, theatralischen Bewegungen des Ausdruckstanzes. Gegenüber Hessel äußert sie den Wunsch, auch mit anderen Männern Sex zu haben. Er akzeptiert ihren Wunsch. Helen ist eine Naturgewalt, sie liebt das Abenteuer in all seinen Formen und die großen Gefühle. »Niemand kann so lieben wie ich«, lautet ihre Devise. »Die Liebe umgibt mich wie ein Duft. Zum Dank liebt man mich in allen möglichen Figurationen. L'Indépendante, mich, die Unabhängige, die nur sich selbst verantwortlich ist, rein – und frivol.«

Im Sommer 1920 besucht der Pariser Freund Henri-Pierre Roché auf Einladung von Franz Hessel die Familie in Bayern. Als Helen ihn am 10. August an der Bahnstation in Hohenschäftlarn erwartet, in einem weißen Kleid und mit beiden Kindern an der Hand, beginnt ein neues Kapitel in ihrem Leben. Kurze Zeit nach seiner Ankunft bei den Hessels bemerkt Roché die Spannungen zwischen dem Ehepaar und Franz Hessels Rückzug von seiner Frau. Er geht auf Helens Verführungsversuche ein. Schon bald tollen sie am Tag gemeinsam mit Helens Söhnen über die bayerischen Wiesen und verbringen die Nächte zu zweit in einer kleinen Pension im Dorf. Gäste kommen und gehen. Helen versprüht Funken, die alle anderen anstecken. Sie trägt einen erlesenen, bodenlangen Fuchspelz über ihrem roten Pyjama. Sobald sie mit ihrer tiefen Stimme spricht, lächeln alle, alle schauen sie an.

Roché fotografiert die fröhlich fremdgehende Helen, wie sie, nur von ihren hüftlangen, blonden Haaren bedeckt, splitternackt vom Balkon des Hauses in den Garten springt, wie sie lachend hoch oben auf einer an der Hauswand lehnenden Leiter steht, wie sie unbeschwert singend und tanzend über einen Weg hüpft – lässig und chic in legeren weißen Hosen, einer Art proletarischem Arbeitskittel und schwarzen Satinballerinas. Ihre Haare hat sie nun unter einem im Nacken geknoteten Kopftuch verborgen. Eine außergewöhnliche Frau in einem kreativen, freien Outfit. Sie hat sich nicht zurechtgemacht, sie möchte nicht gefallen, sondern sich frei bewegen und authentisch ausdrücken.

Was die unkonventionelle, allen bürgerlichen Moralvorstellungen widersprechende Liebe zu Dritt so ungewöhnlich macht, ist die Offenheit, mit der jeder innerhalb des Trios über seine Gefühle spricht und schreibt. Franz Hessel erträgt das Verhältnis, weil er darauf hofft, durch seine Duldung die Beziehung zu den beiden wichtigsten Menschen in seinem Leben erhalten zu können. Die drei fassen den Plan, ihre Emotionen in einem gemeinsamen Tagebuch zu beschreiben, was letztlich nur Helen umsetzt. Ihre Aufzeichnungen liest sie beiden Männern vor. Dreißig Jahre später wird Roché sie als Material für seinen Roman *Jules und Jim* verwenden.

1924 erhält Helen Hessel das Angebot, als freie Mitarbeiterin in der monatlichen Beilage *Für die Frau* in der *Frankfurter Zeitung* die Moderubrik zu schreiben. Bald bietet man ihr eine gut dotierte Festanstellung in Paris an. Sie soll die erste Modekorrespondentin der Zeitung werden und für das Feuilleton »leichte und vergnügliche Sachen« über das Leben im Modezentrum der Welt schreiben. Helen zögert keine Sekunde, die Stelle anzunehmen. Sie verheißt ein üppiges Gehalt, uneingeschränkte Spesen und Wohnsitz in Paris. »Die Aussicht, durch spaßige Dinge indépendance zu gewinnen, fascinates me. I could go to Paris quasi businesslike«, frohlockt sie in dem für sie typischen Mix aus Deutsch, Englisch und Französisch, den drei Sprachen, die sie fließend beherrscht. Ihren acht und elf Jahre alten Söhnen macht sie ein dauerhaftes Leben in Frankreich als großes Abenteuer schmackhaft. Franz Hessel, der inzwischen eine Stelle als Lektor im Rowohlt-Verlag angenommen hat, bleibt in Berlin. Helen lebt mit ihren Söhnen, Emmy Töpfer und Roché in einem Apartment in der rue Ernest Cresson im 14. Arrondissement. Franz Hessel kommt regelmäßig aus Berlin zu Besuch. Helen lässt die Wände in kräftigen Farben streichen. Sie stattet ihr Arbeitszimmer mit einem Teppich ihrer Freundin Sonia Delaunay und Möbeln im Bauhaus-Stil aus und wird der Mittelpunkt eines kosmopolitischen Kreises von Kollegen und Freunden, darunter Le Corbusier, Brancusi, Max Ernst, Picasso, James Joyce und Man Ray, der von ihr Nacktaufnahmen am Strand macht. Einen Eindruck von ihr aus dieser Zeit vermitteln einige Zeilen aus den Lebenserinnerungen von Charlotte Wolff: »Ein perfektes Beispiel einer befreiten Avantgardistin war Helen Hessel. Sie konnte sich allem zuwenden und war überall erfolgreich ... Sie bezauberte Männer und Frauen gleichermaßen. Ihre blauen Augen, klar und kalt wie ein frostiger Frühlingstag, ihre Eleganz und Selbstsicherheit machten sie zum Inbegriff verführerischer Weiblichkeit (...) Sie konnte ebenso gut einen Essay schreiben wie ein Pferd zureiten oder Auto fahren. Eine Draufgängerin, die leidenschaftlich liebte und hasste, arbeitete oder faulenzte. Beim Gehen hinkte sie leicht und stützte sich auf einen Spazierstock mit Elfenbeingriff, was ihre Eleganz noch betonte.«

Helen Hessel hat Erfolg in ihrem Beruf, weil sie eine scharfsinnige Beobachterin mit einer frischen Stimme ist. Sie entwickelt die Rubrik *Die elegante Frau trägt*, in der sie die Deutschen zwischen den beiden Weltkriegen nicht nur mit Stilfragen, sondern vor allem mit dem französischen *savoir-vivre* vertraut macht. Ihre leicht und bissig formulierten Artikel zu den oft als oberflächlich verpönten Modethemen und dem veränderten Selbstverständnis moderner Frauen beeindrucken die bildungsbürgerlich ausgerichtete Leserschaft der Zeitung. Theodor Adorno rät Walter Benjamin, er möge bezüglich modischer Details in seinem »Passagen-Werk« Frau Hessel zu Rate ziehen, »deren Berichte in der Frankfurter Zeitung wir stets mit großem Interesse verfolgen.« Denn Deutschlands erste Modejournalistin vermittelt in ihren Texten eine Meinung. Sie blickt hinter die Kulissen des Modemilieus und schildert auch die miserablen Arbeitsbedingungen in den eleganten Couturehäusern, in denen nicht nur Jacques Worth seine Mannequins wie Vieh behandelt. Sie selbst äußert großen Respekt vor diesen hart arbeitenden Frauen, deren Erschöpfung am Ende jeder Saison augenfällig ist.

Offen und natürlich lächelnd blickt sie auf einem Porträt von 1929 in die Kamera, aufgenommen im Atelier von Man Ray. Mit ihrem modernen Kurzhaarschnitt strahlt sie Geist und Geschmack aus. Für sich selbst kultiviert die Modereporterin eine lässige Antimode mit aufgeknöpften Männerhemden und kantigen Hosen, die sie sich in den besten Maßateliers schneidern lässt. Ihr Trick besteht nach wie vor darin, gleichzeitig ultrafeminin und maskulin auszusehen: mit knallrotem Lippenstift, ihrem blonden Bob und einer Proust-Ausgabe in der Hosentasche. Sie braucht nicht viel, um aufzufallen.

Sommer 1926 in Paris. Roché hat ihr einen *Citroën HP 5* geschenkt. Madame Hessel absolviert die Führerscheinprüfung nach kurzer Zeit und erweist sich als eine ausgesprochen geschickte Fahrerin. Das kleine Automobil beschert ihr eine zuvor nicht gekannte Freiheit. Morgens kutschiert sie ihre Söhne in die Schule, dann macht sie Spritztouren ins Umland. Am Wochenende unternimmt sie mit Roché und den Kindern Ausflüge ans Meer. Das Lenken eines offenen Automobils bei Wind und Wetter erfordert eine entsprechende Garderobe, und selbstverständlich hat Helen die passenden Tipps parat. Für eine »vorherbstliche Autoreise« empfiehlt sie den Leserinnen ihrer Kolumne ein exquisites Layering: für die frühen Morgenstunden ein klassisch geschnittenes Stadtkostüm mit geknöpftem Rock aus Wolle, dazu eine wärmere Bluse aus leichtem Wolljersey und einen weißen Baumwolljumper. Für die wärmeren Stunden des Tages sollten ein zweiter Rock aus Leinen, eine weiße Bluse, ein Hemdblusenkleid aus Jersey und ein leichtes Sommerkleid aus Seide im Gepäck sein. Dazu eine rohseidene Autokappe »in lichtem Gelb« und der ihrer Ansicht nach unentbehrliche Wollmantel.

1933 findet Helen heraus, dass Roché, der hinreißende Lebemann, ein Doppelleben führt. Immer wieder hat er gegenüber Helen in den letzten 14 Jahren den Wunsch geäußert, einen Sohn mit ihr zu bekommen, wobei es ihm jedes Mal ungelegen kam, wenn Helen von ihm schwanger wurde, sodass er die Abtreibung verlangte. Sie hat während ihrer Beziehung mit Roché drei Schwangerschaftsabbrüche durchführen lassen. Was sie zu diesem Zeitpunkt nicht wusste: Längst hat der Hallodri eine Ehefrau sowie eine Geliebte, mit der er schon vor Jahren einen Sohn gezeugt hat. Helen beendet die Beziehung und eliminiert den Gefährten aus ihrem Leben. Es ist, als hätte es ihn nie gegeben. Sie wird nicht mehr über ihn sprechen und ihn nie wiedersehen, obwohl sie jahrzehntelang in Paris in seiner Nähe lebt. Franz schließt sich aus Loyalität zu seiner Frau dem Bann an.

Das Jahr bringt zudem eine Katastrophe ganz anderen Ausmaßes. Am 30. Januar 1933 wird Hitler zum Reichskanzler ernannt. Mit dem Aufstieg des Nationalsozialismus gerät Helen Hessel in Deutschland zunehmend unter Druck. Ihr emanzipierter Blick auf die Rolle der Frau missfällt den neuen Machthabern. Als ihre Publikationsmöglichkeiten aufgrund ihrer Ehe mit einem Juden eingeschränkt werden, lässt sie sich 1936 pro forma von Franz Hessel scheiden, um weiter für deutsche Blätter arbeiten und das Familieneinkommen sichern zu können. Doch wegen mangelnder Regimetreue erhält sie 1938 die Kündigung der *Frankfurter Zeitung*. Im gleichen Jahr erscheint auch ihr letzter Artikel in der Zeitschrift *Die Dame*. Ihre neue Wohnung in der Nähe des Panthéon wird zum Anlaufpunkt deutscher Emigranten, für viele, darunter Charlotte Wolff, wird sie der Fels in der Brandung. Nur einer kommt nicht: Franz tut sich schwer, seine Heimat zu verlassen, und ist in allergrößter Gefahr. Kurz entschlossen fährt Helen Hessel im Herbst 1938 mit ihrem kleinen Auto nach Berlin. Es ist ihr gelungen, ein Visum für ihn zu besorgen sowie ein Schriftstück, in dem Baron und Baronin Guy und Alix de Rothschild, letztere eine entfernte Verwandte Hessels, ihm pro forma bescheinigen, ihn als Bibliothekar einzustellen.

Widerstrebend willigt Hessel in die Flucht ein. In einem völlig überfüllten Nachtzug gelingt es Helen und Franz Hessel unbehelligt von der Gestapo bei Aachen die Grenze zu passieren. Vom belgischen Lüttich aus lässt sie ihn allein weiterfahren. Durch die tollkühne Aktion, die auch für sie lebensgefährlich ist, rettet sie ihren Mann vor der Verhaftung durch die SS und damit vor dem sicheren Tod. Sie selbst fährt ein letztes Mal nach Berlin zurück und übernachtet in einem kleinen Hotel am Kurfürstendamm. Am späten Abend des 9. November 1938 wird sie Augenzeugin der Pogrome. Sie steht am Fenster ihres Hotelzimmers und beobachtet, wie Schlägertrupps marodierend und plündernd durch die Straßen ziehen. Alle Synagogen der Stadt brennen. In den Tagen danach sieht sie die verwüsteten Luxusgeschäfte, die allgegenwärtige Polizei, die Menschen, die tatenlos herumstehen. Helen Hessel setzt ihre gelbe Autokappe auf, streift ihre Handschuhe über und verlässt Deutschland am Steuer ihres Cabriolets für immer. Zurück in Paris schreibt sie eine Reportage über ihre Beobachtungen in der deutschen Hauptstadt, die im *New Yorker* erscheint.

Als Franz Hessel an der Gare du Nord aussteigt, findet er Paris völlig verändert vor. Die Stadt ist überschwemmt von Emigranten, zu denen jetzt auch die Hessels gehören. Sie beziehen mit ihren Söhnen eine kleine Wohnung, zum ersten Mal ohne Dienstboten und ohne Geld. Ulrich hat inzwischen, auch dank des unermüdlichen Ansporns durch seine Mutter, sein Abitur in Salem am Bodensee abgelegt und sucht Arbeit in Paris. Sein Bruder Stéphane bereitet sich auf sein französisches Abitur vor. Helen versucht, meist mit wenig Erfolg, ihre Artikel in Zeitungen außerhalb Deutschlands zu platzieren. Das Wenige, das sie verdient, muss für alle reichen. Franz geht mit seinem Einkaufsnetz über die Märkte und versucht, Kartoffeln, Kohl und ein paar Eier zu günstigen Preisen aufzutreiben. Mit Ausbruch des Zweiten Weltkrieges ist die Familie auch in Paris nicht mehr sicher. Viele der in Frankreich lebenden männlichen Deutschen werden im Pariser Olympiastadion interniert, darunter auch Franz und Ulrich Hessel. Direkt nach ihrer Freilassung packt Helen den kleinen Heckkoffer für ihren Citroën und fährt mit

Mann und Sohn nach Sanary-sur-Mer, in den unbesetzten Teil Frankreichs. Nur ihr jüngerer Sohn bleibt zurück. Er hat inzwischen die Aufnahmeprüfung an die Eliteuniversität Ecole Normale Supérieure geschafft, gerade rechtzeitig, um die französische Staatsbürgerschaft zu erhalten und Offiziersanwärter werden zu können.

Sanary-sur-Mer, ein kleines Seebad am Mittelmeer mit 4000 Einwohnern, in dem die Hessels einst oft ihren Urlaub verbracht haben, ist zum Fluchtzentrum deutscher Schriftsteller, Maler und Philosophen geworden, die hier auf einen Sieg der Alliierten warten. Helen Hessel beschafft der Familie zunächst eine Unterkunft in der Ferienvilla von Aldous Huxley, danach führen sie ein ruheloses Leben in billigen Pensionen. Da es keine Verdienstmöglichkeiten gibt, muss Helen nach und nach ihre Habseligkeiten verkaufen. Aber dabei bleibt es nicht. Franz und Ulrich Hessel werden von der französischen Polizei in das Internierungslager Les Milles südlich von Aix-en-Provence gebracht. Helen entzieht sich der Verhaftung durch einen Trick. Nach mehreren Monaten werden Franz und Ulrich Hessel aus dem Lager entlassen. Franz hat sich mit der Ruhr infiziert. Ein halbes Jahr nach seiner Entlassung stirbt er, gebrochen von den Entbehrungen und Erniedrigungen seiner Haft, mit nur 60 Jahren. Er wird am 8. Januar 1941 in Sanary beigesetzt. Helen bleibt erschüttert zurück.

Im November 1942 wird auch Südfrankreich von den deutschen Truppen besetzt. Helen und ihr Sohn versuchen, das Land zu verlassen, doch ein Visum für die USA wird ihnen verwehrt. Der Fluchtweg zu Fuß über die Pyrenäen bleibt für sie und den körperlich beeinträchtigten Ulrich ausgeschlossen. Auch die Flucht in die Schweiz misslingt. Verarmt und verzweifelt, dazu inzwischen stark beeinträchtigt durch eine Hüftarthrose, sitzt Helen mit ihrem Sohn in Südfrankreich fest. Wann immer sie gefragt wird, unterstützt sie die Résistance durch kleinere Missionen. Dieses Engagement ist ihr ein Anliegen und eine Ablenkung von ihrer größten Sorge: Stéphane Hessel ist auf einer Spionagemission von der Gestapo verhaftet worden. Das bedeutet Einzelhaft, Folter und Verschleppung ins Konzentrationslager Buchenwald. Am 8. Mai 1945, dem Tag der deutschen Kapitulation, erfährt sie, dass ihr Sohn einer der wenigen ist, die die Haft überlebt haben.

Nach Kriegsende kehrt Helen gesundheitlich angeschlagen und unterernährt nach Paris zurück. Nichts ist mehr wie früher. Überall hungernde Menschen, Waisenkinder, Kriegsversehrte. Sie hat alles verloren, was ihr Leben einmal ausgemacht hatte. Jedes Foto, jedes Buch, ihre Möbel, die Kunstgegenstände, ihre Wohnung und ihren Beruf. Ihr Mann und zahlreiche Freunde sind tot. Das Einzige, was ihr bleibt, sind ihre Söhne und die Hoffnung auf bessere Zeiten. Sie kämpft um eine Entschädigung für die Haft ihrer Söhne und ihres Mannes, um eine berufliche Zukunft für ihr Sorgenkind Ulrich, um eine Anknüpfung an ihre journalistische Karriere und um die Anerkennung als französische Staatsbürgerin. 1947, nachdem sie jahrelang vergeblich Anträge gestellt haben, erhalten Helen und Ulrich Hessel die ersehnten französischen Pässe. Dennoch ist sie in schlechter Verfassung. Sie leidet unter schweren Depressionen und versucht sogar, sich das Leben zu nehmen.

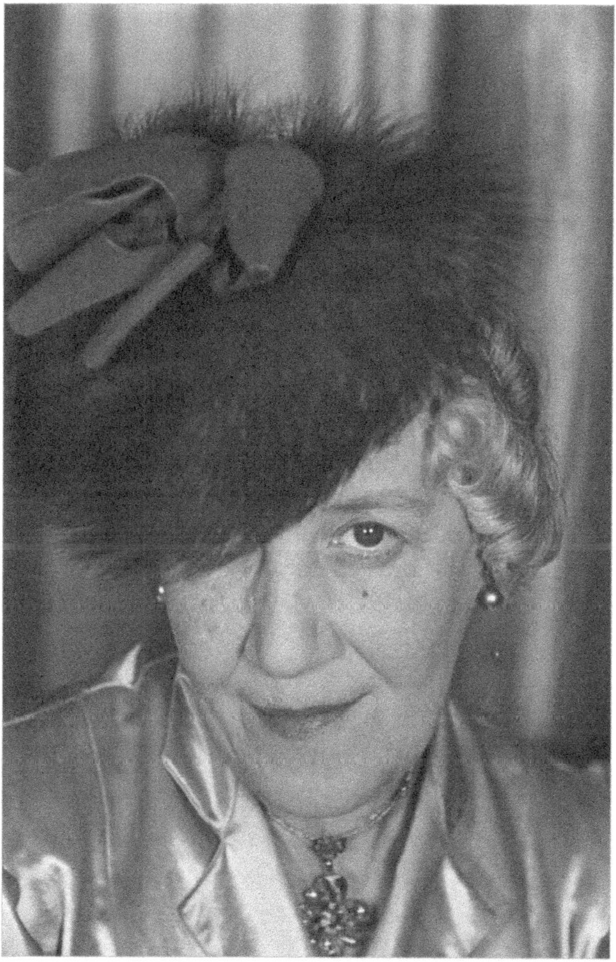

*Deutschlands erste Modejournalistin Ende der 1940er-Jahre, porträtiert von Gisèle Freund*

Stéphane, inzwischen französischer Diplomat bei der UNO, eilt ihr zur Hilfe und lädt sie ein, bei ihm und seiner Familie in New York zu leben. Voller Hoffnung reist Helen auf einem Frachtschiff über den Atlantik. Sie ist 61 Jahre alt und sieht vernachlässigt aus, sie braucht eine neue Brille, neue Zähne, einen neuen Wintermantel. Im Apartment ihres Sohnes auf der Upper West Side in Manhattan bezieht sie ein Zimmer. Doch die engen Straßenschluchten Manhattans, die heulenden Sirenen der Polizeiwagen, die Hochbahnen und wenig einladenden Schnellrestaurants irritieren sie. Schreibaufträge für deutsche oder französische Zeitungen bleiben aus. Die Abhängigkeit von ihrem Sohn und ihrer Schwiegertochter ist der freiheitsliebenden Helen unerträglich.

Doch so schnell aufgeben will sie nicht. Sie reist mit dem Zug nach Los Angeles. Immerhin haben sich hier Thomas und Heinrich Mann niedergelassen. Marlene Dietrich und Josef von Sternberg leben in Hollywood. Doch Helen Hessel, die einmal zur kulturellen Elite in Berlin und Paris gezählt hat, kann kaum die Miete für ein kleines Zimmer bezahlen und muss Gelegenheitsjobs annehmen. Nach 15 Monaten stellt sie desillusioniert und krank vor Heimweh fest: »Was tu ich hier? Der große ›Coup‹ ist mir nicht gelungen. Ich habe nichts geschrieben, hab nicht einmal versucht, einen Posten in Stanford zu bekommen. Für die ›Stellungen‹ bin ich etwas zu alt und etwas lahm und etwas eigenwillig wahrscheinlich. Es ist nicht geglückt.« Schließlich bucht Stéphane zwei Passagen auf einem Passagierschiff und bringt seine Mutter nach Europa zurück.

Seit Helens Trennung von Henri-Pierre Roché haben ihre Freundinnen einen wichtigen Platz in ihrem Leben eingenommen, darunter Charlotte Wolff, Gabrielle Picabia, Baladine Klossowska und vor allem die Malerin Anne-Marie Uhde, Schwester des Sammlers und Kunsthändlers Wilhelm Uhde. Aufgrund ihrer nicht gerade üppigen finanziellen Verhältnisse fasst Helen nach dem gescheiterten Versuch, sich in den USA niederzulassen, einen pragmatischen Entschluss. Sie zieht in eine Frauen-Wohngemeinschaft zu Anne-Marie Uhde, die eine kleine Wohnung in der *Villa Adrienne*, ganz in der Nähe der Place Denfert-Rochereau im 14. Arrondissement besitzt. Man kann sich Helen Hessel im vorgerückten Alter als eine immer noch anziehende und vitale Persönlichkeit vorstellen. Sie schaut nicht zurück, sondern tut, was sie immer getan hat und was sie liebt: malen, schreiben, lesen, übersetzen. Kreativität ist für sie eine Lebenseinstellung. Ihr Leben ist noch immer interessant. Sie verbringt lange Nächte in Cafés, besucht Künstlerateliers, um sich inspirieren zu lassen für das eigene Schreiben, und unternimmt Reisen nach Florenz, Venedig und London.

Bis zum Schluss bleibt Helen Hessel auf grandiose Weise sichtbar. Sie trägt die Kleidung, die es ihr erlaubt, ganz sie selbst zu sein. Ihr androgyner Look ist jetzt gänzlich weiß – die Farbe, die wie keine andere ihre Trägerin von allen anderen unterscheidet. Weiße Blusen, weiße Hosen, weiße Mäntel, nur die Krawatte ist schwarz. Auch die meisten ihrer Schuhe sind weiß oder zumindest von einem ins Cremefarbene gehenden Beige oder einem hellen Rauchgrau. Mit ihren weißen Haaren und der weißen Garderobe leuchtet sie schon von Weitem. Noch einmal tritt ein junger Mann in ihr Leben, der sie für seine Habilitationsschrift interviewen will. Die alte Dame freundet sich mit dem attraktiven Literaturwissenschaftler an und schwärmt offen für ihn. Auch in ihren späten Jahren geht sie noch verschwenderisch mit ihren Gefühlen um.

Am Ende ihres Lebens ist sie sich sicher, dass sie für immer in Erinnerung bleiben wird. In einer flirrenden Illusion in Schwarz-Weiß. Der französische Regisseur Francois Truffaut hat ihr mit seinem Film *Jules und Jim* ein wunderbares Denkmal geschaffen, der Freundschaft zwischen dem Österreicher Jules und dem Franzosen Jim, die sich beide in Catherine verlieben. Ihrem Sprung in die Seine aus Protest gegen ein Männergespräch, das sie ausschloss. Und als Geliebte zweier Männer, die an ihr vielleicht am meisten ihre Unabhängigkeit begehrten. Als 1962 *Jules und Jim* mit der betörenden Jeanne Moreau in der weiblichen Hauptrolle in den Kinos anläuft, sitzt Helen Hessel unerkannt in der Pemierenvorstellung.

Sie stirbt am 15. Juni 1982 mit 96 Jahren in Paris. Bis zuletzt raucht sie *Gauloise Caporal*, filterlos. Die Pionierin des deutschen Modejournalismus wird in der Grabstätte der Geschwister Uhde auf dem Friedhof Montparnasse beigesetzt, an dessen südöstlichem Ende die Rue Schoelcher vorbeiführt. Hier hatten Helen und Franz Hessel einst in ihrer ersten Wohnung gelebt.

## *Georgia O'Keeffe*
## *Muse, Modell, Malerin*

In New York gibt es 1918 so gut wie alles: Die spanische Grippe grassiert, Rassenunruhen sind an der Tagesordnung, Startenor Enrico Caruso gastiert an der Metropolitan Opera, eine Näherin erfindet den Büstenhalter, todesmutige Taucher verlegen Stahlseile im Hafen, um deutsche U-Boote zu stoppen. Und eine junge Lehrerin aus der Provinz wird zum *talk of the town*. Sie steigt am 9. Juni am neuen Grand Central Terminal aus dem Zug. Georgia O'Keeffe, geboren am 15. November 1887 in Sun Prairie, Wisconsin, reist mit großem Gepäck – denn was sie vorhat, ist keine Spritztour. In Manhattan soll ein neues Leben für die 30-Jährige beginnen. Ihre Stelle als Kunstlehrerin in Texas hat sie gekündigt, um sich ganz auf die Malerei zu konzentrieren und mit dem Mann zusammenzuleben, den sie liebt. Alfred Stieglitz, der einflussreiche Kunsthändler, Verleger und Fotograf, ist der Mittelpunkt der schillernden New Yorker Kunstszene. Seine *Galerie 291* an der Fifth Avenue ist eine renommierte Adresse für junge amerikanische Künstler und die europäische Avantgarde. 1919 zeigt er in seinen Räumen Arbeiten der noch völlig unbekannten Georgia O'Keeffe. Stieglitz hat ein Auge für das Besondere. Er sieht, wie radikal und frei sie ans Werk geht. Ihre abstrakten Kohlezeichnungen sind seiner Meinung nach voller Wagemut und dabei durch und durch feminin.

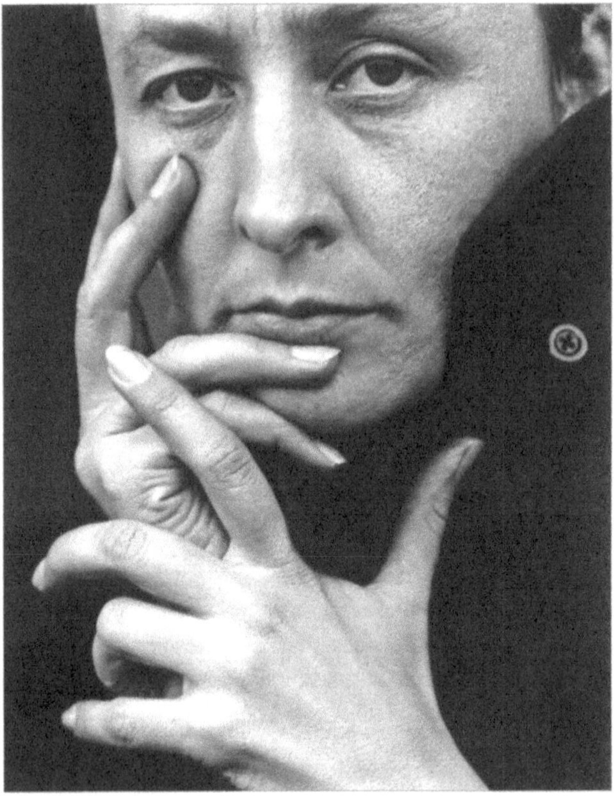

*Georgia O'Keeffe – »talk of the town« 1918 in New York*
*Porträt von Alfred Stieglitz*

Alfred Stieglitz wird O'Keeffes Partner im Leben und in der Kunst. Das nach außen hin eher ungleich wirkende Paar wird schon bald eines der prominentesten und skandalträchtigsten in New York sein. Sie, die in Chicago und New York ausgebildete Künstlerin, ist groß und dünn wie ein Strich, die langen schwarzen Haare sind zu einem Nackenknoten gebunden. Manhattan ist für sie ein Parcours, auf dem sie sich beruflich durchsetzen will. Ihre Kleidung hat dabei eine wichtige Funktion: Sie schützt ihre Trägerin. O'Keeffe trägt fast ausschließlich Schwarz. Die Farbe hat eine gewisse Theatralik, sie wirkt geheimnisvoll, und sie erzeugt Distanz. Schwarz zieht die Blicke des Gegenübers auf sich und hält den anderen gleichzeitig auf Abstand. Die Künstlerin erklärt ihre Vorliebe für diese Farbe allerdings mit einem für sie typischen praktischen Argument: Wenn sie morgens überlegen müsse, welche Farbe sie tragen wolle, habe sie keine Zeit mehr zum Malen. So sieht man sie im eisigen New Yorker Winter in langen, schwarzen Röcken und Wollmänteln, zu denen sie einen kleinen schwarzen Hut und schwarze Handschuhe aus feinem Leder trägt. Dazu kombiniert sie selbst genähte, weite Blusen aus Crêpe de Chine, mit langen Ärmeln, bestickten Kragen oder Schleifen. Mit ihren stoffüberzogenen Knöpfen und feinen Biesen zeigen sie, wie detailverliebt die Malerin ist. Sie ist eine begabte Schneiderin, die schon als Kind Kleider für ihre Puppenfamilie genäht hat. Ihre Schuhe sind stets flach. Sie verzichtet auf verführerische Accessoires, und gerade das macht sie in den Augen von Alfred Stieglitz besonders reizvoll. Der 23 Jahre ältere charismatische Intellektuelle mit europäischen Wurzeln – seine Eltern sind jüdische Einwanderer aus Deutschland – ist ein genussfreudiger Mann mit Nickelbrille, schlohweißem Haar und Spazierstock mit Silberknauf, der ein Flugzeug sicher durch die Wolken steuern kann. Acht Jahre hat er in Europa verbracht, in Berlin Ingenieurwesen studiert und mit einer Prostituierten zusammengelebt. Zurück in den USA hat er eine vermögende Frau geheiratet und mit ihr eine erwachsene Tochter.

O'Keeffe zieht mit Stieglitz in ein kleines Dachatelier auf der Upper East Side. Ein Raum mit hellgelben Wänden, orangenem Boden und zwei Fenstern nach Süden, und eine Kammer mit Dachluke, unter die sie ihr Bett schiebt, weil sie nachts gern die Sterne beobachtet. Offen mit dem Mann einer anderen Frau zusammenzuleben, ist zu Beginn des 20. Jahrhunderts in den USA ein ungeheurer Tabubruch. Doch O'Keeffe setzt sich darüber hinweg. Wenn das Licht gut ist, baut Stieglitz seine schwere Kamera auf. Eine Frau zu fotografieren sei für ihn das Gleiche wie eine Frau zu lieben, so hat er stets seine Kunst erklärt. In den Sommermonaten 1918 macht er Hunderte von Fotografien von Georgia. Es sind künstlerische Experimente, Bilder, wie man sie zuvor noch nie gesehen hat. Man sieht Großaufnahmen ihres Mundes, ihres Halses, ihrer Augen, ihrer nackten Brüste, ihrer Hüften und immer und immer wieder: ihrer Hände mit den unendlich langen Fingern. Man sieht, dass sie kein einziges Körperhaar entfernt hat. Man erkennt die dunklen Ringe unter ihren Augen und kleine Schweißtröpfchen auf ihrer Oberlippe. Die erotischen Fotos fordern die moralischen Konventionen der Zeit heraus. Die Idee, an Alfreds künstlerischem Experiment teilzunehmen, reizt O'Keeffe sehr. Sie überträgt sein Konzept der Großaufnahme auf ihre Malerei und macht ihre ersten ins Riesenhafte vergrößerten Zeichnungen von Blumen, die sie zu gewichtigen, geradezu fleischlich anmutenden Blüten entwickeln wird – ihre bis heute beim Publikum beliebtesten Arbeiten.

Im Februar 1921 wird in der *Anderson Gallery* auf der Park Avenue eine Ausstellung eröffnet. Gezeigt werden Fotoarbeiten von Alfred Stieglitz, darunter 46 Porträts einer unbekleideten jungen Frau, deren Gesicht man nicht sieht. Doch jeder weiß, wer sie ist. Die Aufnahmen gelten als künstlerische Sensation. Die Ausstellung lockt 3000 Besucher an und macht O'Keeffe in kurzer Zeit in der Kunstszene New Yorks bekannt. Im Oktober 1922 erscheint ein Artikel über die Malerin in der *Vanity Fair*, illustriert mit einem Foto, das Stieglitz von ihr vor einem ihrer Bilder aufgenommen hat. Der erfahrene Galerist weiß, dass der perfekte Zeitpunkt gekommen ist, um O'Keeffe als moderne, befreite Frau am Kunstmarkt zu positionieren. In einer großen Einzelausstellung präsentiert er 100 neue Arbeiten, und seine Rechnung geht auf. Die monumentalen Blumenbilder, deren »der Fotografie abgeschaute Ausschnitthaftigkeit die Größenverhältnisse bis ins Unermessliche verunklärt«, begeistern Besucher und Kritiker; nicht nur Kunstkreise sehen darin bis heute Formen der weiblichen Intimzone abgebildet – eine Sichtweise, die die Künstlerin selbst immer verblüffte. Innerhalb weniger Wochen hat die New Yorker Kunstszene einen neuen Liebling. Es ist keine Bohemienne mit feuerrotem Bob und Zigarettenspitze, sondern eine ehemalige Lehrerin aus der Provinz, die aussieht wie eine Betschwester. Sie und Stieglitz sind auffällige Erscheinungen in der kulturellen Elite Manhattans: Ein außergewöhnliches Paar, beide in bodenlangen, schwarzen Umhängen und mit schwarzen Hüten, sie unnahbar und asketisch, er lebhaft gestikulierend und dozierend.

Nach den symbiotischen ersten Jahren mit Stieglitz beginnt Georgia O'Keeffe, sich von ihrem Partner zu emanzipieren. Aus der Muse und dem Modell wird die Malerin, die mehr Zeit, Raum und Ruhe zum Arbeiten beansprucht. Alfred Stieglitz ist ein dominanter Mann. Nicht nur mittags in den Restaurants rund um seine Galerie bildet er den Mittelpunkt eines bunten Zirkels von Kunden und Künstlerfreunden, auch am Abend empfängt er Gäste bei sich zu Hause. Seine Eloquenz und sein Enthusiasmus ziehen alle in ihren Bann. Oft bleiben die Freunde bis zum frühen Morgen – zu seinem Vergnügen und zu Georgias Erbitterung. Diese Lebensverhältnisse machen es ihr unmöglich, sich auf ihre Malerei zu konzentrieren. Hinzu kommt: O'Keeffe ist bald 33 Jahre alt und wünscht sich ein Kind. Doch Stieglitz – zu diesem Zeitpunkt ein knapp 60-jähriger verheirateter Mann – kann sich nicht mit der Idee anfreunden. Er möchte seine Partnerin mit niemandem teilen, schon gar nicht mit einem schreienden Säugling. Geschickt gibt er zu bedenken, dass sie als Mutter nicht mehr in der Lage sein werde, sich ganz auf die Malerei zu konzentrieren. Sie gibt schließlich nach. Mit ihren letzten Ausstellungen hat sie viel Geld verdient, und das nimmt sie ab jetzt selbst in die Hand. Sie mietet eine Suite im Hotel *Shelton* an der Lexington Avenue, dem non-plus-ultra im Luxuswohnsegment. O'Keeffes Studio gehört zu den höchstgelegenen der Stadt und bietet der Künstlerin endlich einen eigenen Raum zum Arbeiten und einen Alltag ohne häusliche Pflichten, dazu breite Fensterfronten mit viel Licht und freie Sicht über die Dächer der umliegenden Hochhäuser bis zu den Fabriken am East River. Sie stellt ihre Staffelei ans Fenster und malt das, was sie sieht. Die im *Shelton* entstandenen Stadtansichten zeigen eine boomende Metropole, in der doch die Natur die Oberhand behält. Die tiefen Häuserschluchten und rauchenden Industrieschlote erheben sich wie Felsmassive in den Himmel. Sie finden große Beachtung und werden von Stieglitz für immer beträchtlichere Summen verkauft.

Nach sechs Jahren außerehelicher Liebe verändert sich 1924 die Konstellation. Stieglitz' Frau willigt überraschend in die Scheidung ein, Georgia und Alfred heiraten am 11. Dezember 1924 vor einem Friedensrichter in New Jersey. Die Zeremonie ist ungewöhnlich schlicht. Kein althergebrachtes Versprechen, sich zu lieben, sich zu ehren und einander zu gehorchen. Nichts Zeremonielles, keine Ringe, keine Feier und kein Honeymoon. Erst recht kein traditionelles Brautkleid in Unschuld verkörperndem Weiß. Georgia O'Keeffe hat nicht vor, sich ein jungfräuliches Aussehen zu geben. Die von ihr ausgesuchte Garderobe besteht aus einem nüchternen, schwarzen Kaftankleid und flachen Schuhen. Sie besteht darauf, ihren Namen zu behalten. Jedem, der sie nach der Hochzeit mit »Mrs. Stieglitz« anspricht, erklärt sie: »Ich bin Georgia O'Keeffe.«

Dem Ehepaar Stieglitz-O'Keeffe ist kein Eheglück vergönnt. Alfred, der nie ein flexibler Mensch war, wird mit dem Alter zunehmend rigider. Seit einem Jahrzehnt bestimmt er, welche Bilder Georgias er wann ausstellt, was sie kosten, wer sie kaufen darf und – bis zu einem gewissen Grad – auch, welche Motive sie enthalten. Zunehmend kritisch erkennt die Malerin, wie eigensinnig und weltfremd »der kleine, graue Mann« – wie sie ihn mittlerweile nennt – geworden ist. Gesundheitliche Probleme, er leidet unter Nierensteinen und Herzschwäche, setzen ihm zu, während er weiter in seiner eigenen Welt lebt, die er immer kontrollwütiger und empfindlicher regiert.

Das fragiler werdende Gleichgewicht in ihrer Ehe bekommt einen herben Schlag, als Georgia O'Keeffe einen kleinen Knoten in ihrer Brust entdeckt. Er wird im August 1927 entfernt; zum Glück ist er gutartig. Im Jahr darauf muss an der gleichen Stelle ein weiterer Tumor entfernt werden. Während des langwierigen Heilungsprozesses wird der Malerin bewusst: Auch ihr Leben ist endlich. Sie ist jetzt 40. Es ist höchste Zeit für sie, ihre Prioritäten zu überdenken. Obendrein beginnt Stieglitz eine Affäre mit einer schönen und sehr wohlhabenden jungen Frau. Die Fotografin Dorothy Norman, unglücklich verheiratet, ist 20, als sie sich in den 63-jährigen Galeristen verliebt. Während ganz Manhattan über die öffentliche Affäre tuschelt, streitet er das Verhältnis gegenüber seiner Frau ab. Die Affäre ihres Mannes trifft O'Keeffe hart. Doch statt Stieglitz mit Vorwürfen zu konfrontieren, nimmt sie die Einladung einer Freundin an und reist für mehrere Monate in den Südwesten der USA. Doch nach ihrer Rückkehr nach New York setzt sich das Drama fort. Am 1. Februar 1933 wird sie mit einem Nervenzusammenbruch in ein privates psychiatrisches Sanatorium an der East Eighty-Fifth Street in Manhattan eingeliefert. Nach ihrer Entlassung Anfang

März beschließt Georgia O'Keeffe, wieder Ruhe in ihr Leben zu bringen und auf Distanz zu ihrem Mann zu gehen.

Zu ihrer großen Passion ist bereits kurz zuvor das Autofahren geworden. 1929 hat sie sich für 670 Dollar einen schwarzen Ford gekauft, der zu ihrem mobilen Studio wird. Ohne zunächst einen Führerschein zu haben, fährt sie auf der Suche nach neuen Ideen für ihre Bilder kreuz und quer durch die Gegend. Im Kofferraum befinden sich neben diversen Ersatzteilen immer einige Leinwände, Farben, ein Schlafsack und ein Picknickkorb. Sobald sie unterwegs ein interessantes Motiv gefunden hat, hält sie an, nimmt auf der Hinterbank Platz und nutzt die umgeklappte Vorderbank als Zeichentisch. Sie trägt einen Stock bei sich, mit dem sie die allgegenwärtigen Schlangen erschlägt. Nachts schläft sie neben dem Lagerfeuer, das Gewehr stets im Anschlag. Die Malerin mag Wagnisse, in ihrer Malerei ebenso wie in ihrem Privatleben. Auch wenn sie keinesfalls furchtlos ist, lässt sie sich von ihrer Angst nicht einschränken, sondern arbeitet daran, sie zu überwinden: die Angst davor, allein in der Wüste zu leben. Die Angst, in einem Beruf, der Männern vorbehalten war, zu versagen. Die Angst vor schweren Krankheiten. »Ich fürchte mich die ganze Zeit. Ich fürchte mich zu Tode. Aber ich habe nie zugelassen, dass es mich aufhält. Nie.«

Im April 1931 fährt Georgia O'Keeffe erstmals für mehrere Monate nach New Mexico und wohnt auf der *Ghost Ranch*, eine von der Außenwelt fast völlig abgeschnittene, exklusive Urlaubsadresse, eine Oase der Stille. Die Sonne strahlt, die Luft ist klar. Ihre Ausflüge in die Natur führen sie auf unbekannte kreative Wege; sie findet neue Motive, die sie in Zukunft wieder und wieder in Großformaten und wie beim Blick durch ein Makro-Objektiv malen wird: sonnengebleichte Tierskelette, bizarre Felsfaltenwürfe, im Abendlicht schimmernde Tafelberge und die Adobe-Bauten der indigenen Ureinwohner. Menschen und Tiere dagegen haben keinen Platz in ihrer Bildwelt.

O'Keeffe empfindet das harte Leben in der kargen Landschaft als Erfüllung. Sie lebt unter Cowboys, abends sitzt sie gerne mit den Männern am Lagerfeuer; sie singt und raucht mit ihnen, trinkt Whiskey und spielt Karten. Sie ist eine ausgezeichnete Schützin. Ihre Garderobe ist funktional: Jeans und schwere Stiefel, die ihr maximale Bewegungsfreiheit bieten. Ihre Baumwollhemden gibt sie bei dem renommierten New Yorker Herrenschneider Walter McCrory in Auftrag, bei dem auch Winston Churchill Kunde war. Seidentücher in geometrischen Mustern schützen ihre Haare vor dem allgegenwärtigen Sand.

Jahr für Jahr verbringt Georgia O'Keeffe die Zeit zwischen April und Oktober in New Mexico. Im Gegenzug ist Alfred Stieglitz frei, zu tun, was er will. Dem großen Respekt füreinander und der inneren Verbundenheit des Ehepaares tun die monatelangen Trennungen keinen Abbruch. Sie bleiben durch intensive Korrespondenz in Kontakt. Auch geschäftlich sind sie weiterhin eng verzahnt. In jedem Winter zeigt er ihre in New Mexico entstandenen Bilder in seiner Galerie. Strategisch geschickt lanciert er ihr neues Image – das der unabhängigen Frau, die allein und nach ihren eigenen Gesetzen in der Wüste lebt. Im Sommer 1960, kurz vor ihrem 60. Geburtstag, ist O'Keeffe die erste Frau, der das *Museum of Modern Art* in New York eine Ausstellung widmet.

Im Winter lebt die Künstlerin an der Seite ihres gebrechlicher werdenden Mannes – er erleidet mehrere Herzinfarkte – in New York. »Ich sehe Alfred als einen alten Mann, den ich sehr gerne habe«, schreibt sie, »sodass es mich manchmal schockiert und erschreckt, wenn er besonders blass und müde aussieht.« Sie ist an seiner Seite im Krankenhaus, als er mit 82 Jahren an einer Hirnblutung stirbt. Sie nimmt sich zwei Jahre Zeit, um seinen Nachlass zu regeln. Niemals wird sie vergessen, dass es Stieglitz war, der sie gut 30 Jahre zuvor entdeckt und bedingungslos im stürmischen Kunstbetrieb unterstützt hat.

Als im Jahr nach ihrem ersten Aufenthalt auf der *Ghost Ranch* im Haupthaus kein Zimmer für Georgia O'Keeffe frei ist, bietet der Besitzer der Farm ihr für ihren Aufenthalt ein einsam gelegenes Pueblo an. Es hat niedrige Decken, keine Elektrizität und kein fließendes Wasser. Unannehmlichkeiten dieser Art stören Georgia nicht. Im Gegenteil. 1937 kauft sie das Haus und schafft sich fern vom hektischen New York in einer der lebensfeindlichsten Gegenden der Welt ein Refugium. Um es zu erreichen, muss sie 100 Kilometer auf staubigen Straßen zurücklegen. Das abgelegene Haus ist wie eine einsame Insel, die die einzige Bewohnerin jederzeit verlassen kann, die aber von anderen nur schwer zu erreichen ist. O'Keeffe möbliert es mit robusten, selbst gefertigten Bänken und Tischen, weißen Baumwollvorhängen und handgewebten Läufern. Über ihrem Bett lässt sie ein Mobile ihres Freundes Alexander Calder schweben. Vor den Hauswänden stellt sie Baumstämme auf. Es ist der Platz für ihr morgendliches Sonnenbad. An einer Mauer lehnt eine selbst gezimmerte Holzleiter. Georgia O'Keeffe steigt gerne auf das Flachdach, um den Ausblick auf die in der Ferne liegenden rosa- und lilafarbenen Berge zu genießen.

Über 20 Jahre pendelt die Künstlerin zwischen der Ostküste und New Mexico. Nach Alfreds Tod verwirklicht sie ihren Traum von einem dauerhaften Leben im Südwesten. 15 Meilen von der *Ghost Ranch* entfernt, in der Nähe des kleinen Orts Abiquiu, in der Nachbarschaft von Cowboys und eines Pueblo-Volkes, erwirbt sie ein verfallenes Objekt mit über 30.000 Quadratmetern Land, das sie zu ihrem komfortablen Hauptwohnsitz umbauen lässt. Es verfügt über zwei Gebäude, mehrere Innenhöfe, aber vor allem über einen Brunnen und Wasserrechte. Im kleineren Haus befinden sich Georgias Studio, ein kleines Bad und das Schlafzimmer. Im Studio nehmen große Arbeitstische die ganze Breite des Raumes ein. Darauf ordnet sie an, was sie gerade beschäftigt: Bücher, private Post, Zeitschriften und Fotos. Küche, Speisekammer, Wohn- und Esszimmer sowie drei Gästezimmer mit Bädern liegen im zweiten Gebäude. Alle Räume wirken durch ihre Größe und Leere, umso besser kommt das Inventar zur Geltung. Jedes einzelne Stück, darunter Sofas von Knoll, Stühle und Tische von Eames, Mies van der Rohe, Le Corbusier, Bertoia, Saarinnen und ein Butterfly-Sessel, ist sorgfältig ausgesucht und so platziert, dass es Platz zum Atmen hat.

Geschlossenheit und Kontinuität bestimmen ihre Malerei, aber auch den persönlichen Stil der Künstlerin. Georgia O'Keeffe malt immer wieder die gleichen minimalistischen Motive, sie trägt ein Leben lang die gleiche Frisur und Kleidung in einem streng minimalistischen Stil. Sie hält sogar ein Leben lang ihr Gewicht – 115 Pfund. Menschen in ihrer Umgebung äußern den Verdacht, Georgia O'Keeffe habe nur ein Kleid besessen. Terrie Newsom, ihre Haushälterin, löste das Rätsel: Die Künstlerin habe hundert Kleider, aber alle seien schwarz und nur wenige weiß. In O'Keeffes Garderobe in Abiquiu befinden sich zwölf fast identische schwarze Kostüme und Hosenanzüge, darunter mehrere von *Knize/New York*, einem Ableger des Wiener Couturehauses, und ein maßgefertigtes Ensemble von *Balenciaga*. Sie kombiniert die Outfits mit schlichten weißen Blusen, einige davon selbst genäht. Ihre Lieblingsteile trägt sie mehr als 60 Jahre lang.

O'Keeffe ist erst die dritte weiße Person, die sich dauerhaft in Abiquiu niederlässt. Zu den Einheimischen pflegt sie gute Beziehungen, sie beschäftigt stets einige in ihrem Haus und Garten. Man schätzt sie, weil sie ihre Mitarbeiter mit Respekt behandelt und großzügig entlohnt. Jedes Jahr an Heiligabend lädt sie alle Dorfbewohner zu einem traditionellen mexikanischen Essen ein.

Die Malerin liebt die praktische Arbeit im Garten und in der Küche. Sie entschleunigt ihr Leben und bringt es ins Gleichgewicht. Zu säen, zu pflanzen, mit den Händen in der Erde zu wühlen, Gemüse zu schneiden und zu kochen, ist das ideale Gegengewicht zu ihrer anstrengenden kreativen Tätigkeit. Bei der Küchenarbeit trägt sie stets ausgesucht schöne, einfarbige Trägerschürzen aus Leinen.

Mit 71 Jahren unternimmt sie mit einer kleinen Reisegruppe eine exklusive, dreieinhalbmonatige Reise rund um die Welt, sie besucht Rom, Indien und den Himalaya, außerdem Saigon, Angkor Wat und Bangkok. In Hongkong wohnt sie im *Mandarin Oriental*, bei dessen Schneidern sie sich schwarze Kostüme und Hosenanzüge anfertigen lässt. In den traditionellen Geschäften Tokios und Kyotos kauft sie Kimonos. Sie trägt sie mit Vorliebe bei der Meditation, nach dem Bad am Morgen, beim Frühstück und nach dem Abendessen. Sie sind für sie bequeme Hausmäntel, bezeugen aber auch ihren exquisiten Geschmack. Sie hinterlässt mehr als 20 Exemplare in gedeckten Farben; für die heißen Sommer sind sie aus leichter Naturseide und für den Winter gefüttert. Sie bindet sie mit kunstvollen Obis, Stoffgürteln, die lose um die Taille geschlungen werden.

Georgia O'Keeffe lässt sich zum Zwecke der Selbstinszenierung häufig von bekannten Fotografen für Homestorys porträtieren. Sie überwacht die Ausleuchtung ihres Gesichts und ihres Körpers, von Kleidung, Schuhen, Accessoires, und kontrolliert den perfekten Schattenwurf des Hutes auf ihrem Kopf. Vor jedem Besuch eines Fotografen auf ihrer Farm überlegt Georgia sich ganz genau, wie sie sich präsentieren möchte. Für ihr erstes großes Fotoshooting in New Mexico – Ansel Adams realisiert es für das Magazin *Life* – wählt sie natürlich ein schwarzes Outfit. Sie trägt zu Jeans, hochgeschlossenem Jeanshemd und Strickjacke ein im Nacken geknotetes Seidentuch und darüber einen Goucho-Hut. Sie steht allein in der Wüste, blickt ernst in die Kamera und zeigt ihre Schätze. In der linken Hand hält sie den Schädel einer Kuh, in der rechten ein Gerippe. In New

Mexico stehen weltberühmte Fotografen bei ihr Schlange. Cecil Beaton, Richard Avedon, Annie Leibovitz, Irving Penn und viele andere machen sie mit ihren Porträts weltbekannt. Sie wird zu einer Marke und zur Ikone der unabhängigen Frau. Gleichzeitig erlaubt ihr dieses starke Image, allen Festlegungen zu entkommen – denn die Frau, die wir bei der Gartenarbeit, in ihrem Studio und der Küche ihrer Hacienda sehen, bleibt ein Enigma.

Ansel Adams schrieb über Georgia O'Keeffe: »Von allen Menschen, die mir begegnet sind, ist ihre physische Gegenwart am beeindruckendsten.«

Zugeständnisse an den männlichen Blick auf eine Frau zu machen, liegt Georgia O'Keeffe völlig fern. Wie sie aussieht und was sie anzieht, das ist ganz allein ihre Sache. Auf diese Weise entgeht sie der Falle, etwas so Instabiles wie Jugend oder Schönheit zur Basis für ihren Selbstwert zu machen. Sie benutzt keine pflegenden Cremes, sondern Kernseife und Wasser. Die Künstlerin gehört zu den wenigen weiblichen Ikonen, die vorgelebt haben, wie man ohne Make-up, chemische Haarfarben und chirurgische Eingriffe altern und dabei wirklich gut aussehen kann. Noch jenseits der 90, trotz tiefer Falten und allem, was zum Altern dazugehört, hat sie, wie zahlreiche Fotos belegen, eine magische Ausstrahlung.

Der Kunstkritiker Ralph Flint erinnerte sich an eine Soirée im prächtigen Apartment der New Yorker Kosmetikunternehmerin Elizabeth Arden auf der Upper East Side. Sie hat ein Blumenbild von O'Keeffe erworben und es zum Mittelpunkt ihrer Wohnung in der

Fifth Avenue gemacht. Als die spartanisch gekleidete O'Keeffe, die sich ihr Leben lang nicht für Hautpflege interessiert und trotz der aggressiven Sonne des Südwestens nie Sonnencreme benutzt hat, mit einem amüsierten Lächeln neben der zehn Jahre älteren, sorgfältig geschminkten und kunstvoll frisierten Gastgeberin steht, hat Flint den Eindruck, die Künstlerin sähe wie eine »Eingeborene« aus. In diesem Moment erinnert er sich daran, dass sie ihm einmal erzählt hat, sie beneide nur eine Frau um ihr Aussehen – Albedia, eine lederhäutige Indigene aus dem Pueblo in Taos.

Am Labour Day 1973 steht plötzlich ein junger Mann vor Georgias Tür und fragt, ob sie Arbeit für ihn habe. Juan Hamilton ist 26 Jahre alt, groß, schlank, dunkelhaarig und charmant. Er hilft in der Küche und im Garten. O'Keeffe erkennt, dass er ihr von Nutzen sein kann. Er ist ein begabter Bildhauer, hat Japan bereist, spricht Spanisch und kann Schreibmaschine schreiben. Er liebt das harte Leben in der Wüste, steht gerne früh auf und hat einen erfrischenden Humor. Er bringt sie zum Lachen.

Der 86 Jahre alten Hausherrin ist bewusst, dass sie auf mehr Unterstützung angewiesen sein wird, wenn sie ihr unabhängiges Leben auch in Zukunft weiterführen möchte. Seit zwei Jahren leidet sie unter einer unheilbaren Maculadegeneration, die auf Dauer zur vollständigen Erblindung führen wird.

In ihren letzten zehn Lebensjahren wird Juan Hamilton zu Georgias engstem Vertrauten. Er inspiriert sie zu neuen Projekten und zeigt ihr, dass es noch immer eine Zukunft gibt. Er bringt seine Töpferscheibe nach Abiquiu. Wer hätte gedacht, dass sie noch einmal

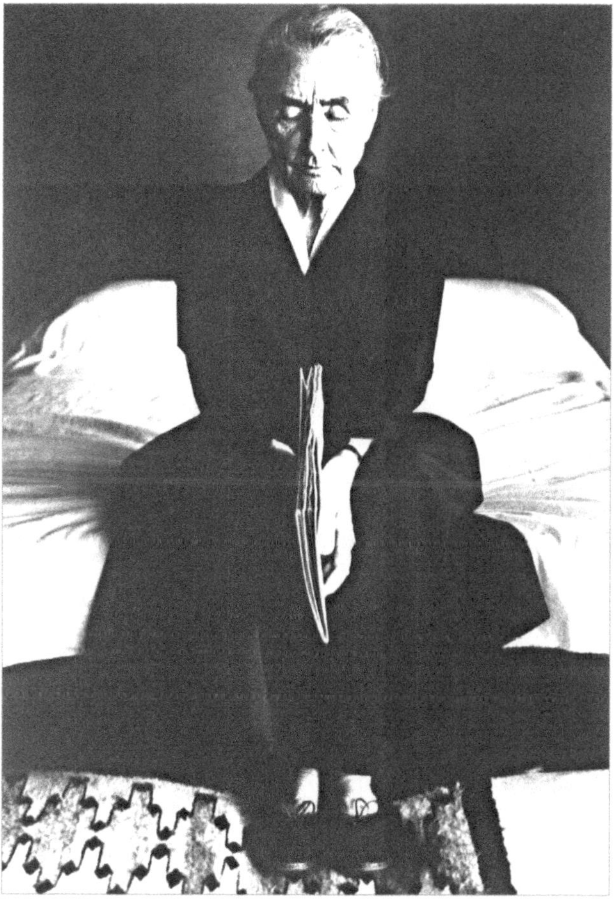

*»Von allen Menschen, die mir begegnet sind, ist ihre physische Gegenwart am beeindruckendsten.«*
*Ansel Adams*

einem Gegenstand eine Form geben würde? Es kommt dabei nur auf ihre Hände an, nicht auf ihre Augen. Hamilton bringt sogar Farbe in ihr Leben. Sie legt die schwarzen, knöchellangen Kleider und Strümpfe ab, die sie seit ihren Studienjahren getragen hat, und tauscht sie gegen leichte Wickelkleider aus, die sie sich in zwanzig verschiedenen Farben von ihrem Schneider in Santa Fe nähen lässt.

Als Hamilton das Angebot, bei ihr einzuziehen, ablehnt, unterstützt sie ihn finanziell beim Kauf und Umbau eines Hauses in einem Nachbarort. Bis zu ihrem Tod ist er immer an ihrer Seite, obwohl er zwischenzeitlich geheiratet und eine Familie gegründet hat. Nach Sonnenaufgang fährt er zu ihr, um sie auf ihrem Morgenspaziergang zu begleiten. Hamilton bestärkt sie auch darin, ihr Leben aufzuschreiben, und hilft ihr beim Verfassen ihrer Autobiografie, die sie 1976 veröffentlicht. Er liest der zunehmend gebrechlicher werdenden Freundin aus der Zeitung vor, schneidet das Roastbeef auf ihrem Teller klein und hört Beethovens Klaviersonaten mit ihr an. Möglicherweise verfolgt er in seiner Beziehung zu Georgia auch eigene Interessen, aber niemand leistet letztlich das, was er leistet.

Georgia O'Keeffes Umfeld ist über Hamiltons Einfluss irritiert. Ihre Schwester Claudia bezeichnet ihn als Gigolo, doch die alte Dame verbittet sich jede Einmischung. Sie überträgt Hamilton die Aufgabe, ihre Interessen als Galerist wahrzunehmen, und verprellt dadurch ihre langjährige Vertreterin in New York. Freunde wenden sich ab. Ihre Schwestern, die sonst regelmäßig zu Besuch kamen, bleiben aus. Am Ende ist Hamilton ihr einziger Vertrauter. Sie macht ihn zum

Verwalter ihrer finanziellen Angelegenheiten und setzt ihn in ihrem Testament als Haupterbe ihres Vermögens im Wert von 76 Millionen Dollar ein, wogegen ihre Familie nach ihrem Tod erfolgreich prozessiert.

Die letzten eineinhalb Jahre ihres Lebens verbringt Georgia O'Keeffe auf der Hacienda »Sol y Sombra« in Santa Fe. Sie hat das Anwesen für drei Millionen Dollar für Juan Hamilton gekauft. Georgia bezieht einen Raum im Erdgeschoss, der über ein Bad und einen eigenen Eingang verfügt. Er lädt ein Kammerorchester ein, für sie zu spielen. Er stellt zehn Krankenschwestern ein, die O'Keeffe rund um die Uhr betreuen. Manchmal schafft sie es, aus dem Bett aufzustehen und ein paar Schritte bis in den Garten zu gehen. Freunde, die sie besuchen, bittet sie, ihre Hand zu halten. Am Morgen des 6. März 1986 wird sie stark geschwächt in ein Krankenhaus gebracht; am Abend stirbt sie im Alter von 98 Jahren im Schlaf.

Ihrem Wunsch entsprechend verstreut Hamilton ihre Asche auf den vom Wind umwehten Felshügeln am Fuß der Mesa in der Nähe der *Ghost Ranch*. Eine letzte Rückkehr an jenen Ort, an dem Georgia O'Keeffe fast ein halbes Jahrhundert zuvor ein neues Leben begonnen hatte.

Zu den letzten Fotos von Georgia O'Keeffe gehört eine Aufnahme des Fotografen Bruce Webber aus dem Jahr 1984, als er Abiquiu mit Calvin Klein besucht. Der Designer hat mit seiner neuen Kollektion O'Keeffes Stil zitiert, woraufhin sie ihm ihre Häuser für Modeaufnahmen für die amerikanische *Vogue* zur Verfügung stellt. Die Künstlerin ist 97 Jahre alt. Das Bild zeigt einen sehr alten, sehr schönen Menschen. Es könnte ein Mann sein oder eine Frau. Mit klarem Profil, nach hinten zum Knoten gebundenen, weißen Haaren und einem tief zerfurchten Gesicht. Sie trägt eine fast sakrale Robe, einen schweren, schwarzen Herren-Kimono mit Samtkragen über einem weißen Kleid und einen großen, flachen Hut, ebenfalls schwarz. Ihre Pose ist nach innen gerichtet, meditativ, asketisch. Sie ist allein, unberührt, makellos verhüllt und mit sich im Reinen.

# *Frida Kahlo*
# *Viva la Vida!*

Sie hat alles gegen sich. Frida Kahlo – ein aufgewecktes Mädchen voller Bewegungsdrang und Energie –, geboren am 6. Juli 1907 in Coyoacán, einem Vorort von Mexiko-Stadt, erkrankt mit sechs Jahren so schwer, dass sie neun Monate mit Lähmungserscheinungen im Bett liegen muss. An welcher Krankheit sie litt, ist heute umstritten und lässt sich nicht mehr eindeutig klären. Bis in die 2000er-Jahre wurde sie als Polio benannt, es könnte aber auch Spina bifida occulta gewesen sein. Unbestritten ist, dass sie ein verkürztes linkes Bein mit dünner Wade zurückbehält. *Holzbein-Frida* oder *Hinkebein* rufen die Kinder ihr nach. Frida fühlt sich vom Spott der anderen herausgefordert. Denen wird sie es schon noch zeigen! Die Ärzte und ihr Vater ermutigen sie, sich so viel wie möglich zu bewegen, um ihr Bein zu trainieren. Sie beherzigt diesen Rat und wird zu einer guten Schwimmerin. Sie rudert, rauft und boxt, fährt schneller Rollschuh als die anderen, sie klettert auf Bäume und spielt Fußball mit den Jungen.

1922 wird Frida Kahlo als eine von 35 Frauen unter 2000 Schülern in die *Escuela National Preparatoria* aufgenommen. Sie möchte sich auf das Medizinstudium vorbereiten. Ihre Respektlosigkeit gegenüber den Lehrern macht sie schnell zum Star unter ihren Mitschülern. Ein von ihrem Vater, dem Fotografen Wilhelm

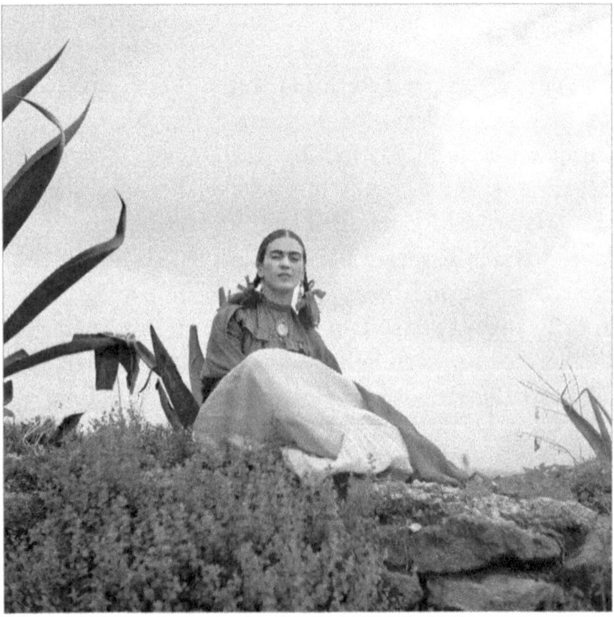

*»Sie ist wie ein farbiges Band um eine Bombe!«*
*André Breton über Frida Kahlo*

Kahlo, aufgenommenes Foto zeigt ihr Vergnügen daran, auch mit ihrer Kleidung aus der Rolle zu fallen. Das junge Mädchen verblüfft mit einem strengen, dreiteiligen Herrenanzug mit Oberhemd, Krawatte und Weste, eine Hand in der Hosentasche, die andere ruht auf dem Griff eines Spazierstocks. Ernst, selbstbewusst und etwas spöttisch blickt sie in die Kamera.

Am 17. September 1925 ereignet sich ein Unfall, der Frida Kahlos Leben für immer verändern wird. Eine Straßenbahn springt aus dem Gleis und erfasst den Bus, mit dem Frida von der Schule nach Hause fährt. Sie wird schwer verletzt, eine Haltestange hat sich von hinten durch ihren Körper gebohrt und ist vorne wieder herausgetreten. »Ihr Rückgrat war an drei Stellen im Beckenbereich verletzt, ein Schlüsselbein und zwei Rippen gebrochen, am rechten Bein zählte man elf Brüche, ihr rechter Fuß war ausgerenkt und zerquetscht; ferner war ihre linke Schulter ausgekugelt und das Schambein war dreifach gebrochen.« Aus der angehenden Medizinerin wird eine Patientin. Sie muss im Rotkreuzhospital in Mexico City in Gips liegen, erneut neun Monate lang; danach muss sie das Gehen neu lernen. Den Traum vom Medizinstudium muss sie aufgeben, mit dem Schulgeld werden die Arztrechnungen bezahlt.

Frida nimmt die Situation an. Immerhin lebt sie noch. Sie liebt das Makabre. »Der Kahle«, so nennt sie abschätzig den Tod, hat sie nicht mitgenommen. Um ihm zu zeigen, dass er ihr nichts anhaben kann, malt sie ihn auf kleine Bildchen – als hässlichen Totenschädel, als klapperndes Gerippe, als kleinen Scheiterhaufen aus Knochen – und lässt diese rund um ihr Krankenbett aufhängen.

Freundinnen stellen einen Plattenspieler neben ihrem Bett auf, ihre drei Schwestern bringen ihr Süßigkeiten und Bücher zum Zeitvertreib. Um ihre Tochter aufzuheitern, schickt Señora Kahlo einen Schreiner ins Krankenhaus. Er bringt einen Baldachin an Fridas Bett an, unter der Decke hängt er einen Spiegel auf, und er baut eine spezielle Staffelei für sie, an der sie liegend malen kann. Ihr Vater schenkt ihr Papier und Farben. So beginnt sie zu zeichnen. Ein erstes Selbstporträt entsteht, auf dem Frida als Renaissance-Dame im roten Samtkleid zu sehen ist. In der Malerei entdeckt Frida etwas, was sie von ihren Schmerzen ablenkt und ihr zeigt, dass es eine Zukunft gibt.

Mexico City 1927. Frida Kahlo präsentiert dem großen Diego Rivera ihre Arbeiten, sie möchte wissen, ob sie wirklich Talent hat. Rivera ist der bekannteste Maler Mexikos, ein Mann mit Macht und Einfluss. Der überzeugte Kommunist verwirklich in Mexico City Wandmalereien, mit denen er das Leben des mexikanischen Volkes dokumentiert. Rivera erkennt Kahlos ungewöhnliche Begabung, aber sieht auch eine junge Frau von einzigartiger Schönheit. Mit seinen 150 Kilo Körpergewicht bei einer Größe von 1,80 Meter ist er eine wuchtige Erscheinung. Er hat bereits drei Kinder von zwei Frauen und ist gerade zum zweiten Mal geschieden. Kahlo ist 21, er 41 Jahre alt, als sie ein Liebespaar werden. Kahlos Eltern sehen die Verbindung ihrer Tochter mit dem Kommunisten einerseits kritisch, andererseits erkennen sie, dass Rivera ernsthafte Absichten hat. Er löst sogar die Hypothek ab, die sie zur Finanzierung von Fridas Krankenhausaufenthalten auf ihr Haus aufnehmen mussten. Großzügig kauft er die verpfändeten Möbel zurück und sichert den Kahlos ein lebenslanges Wohnrecht zu.

Am 21. August 1929 wird die Ehe mit einer einfachen Zeremonie geschlossen. Das Hochzeitsfoto zeigt die Braut in einem gepunkteten Sommerkleid, das sie sich von einem Dienstmädchen ihrer Eltern geliehen hat. In der Hand hält sie eine Zigarette. Die Hochzeitsfeier ist eine wilde Künstlerparty. Frida berichtet: »Diego betrank sich dermaßen mit Tequila, dass er seine Pistole zog. Er brach sogar jemandem den Finger. Das Ganze endete mit einem Streit zwischen uns, und ich verließ weinend die Gesellschaft und lief nach Hause. Einige Tag danach kam Diego, um mich abzuholen …« Frida hat die große Liebe gefunden. Schwärmerisch schreibt sie an Rivera: »Du sagst, dass Du Dich im Spiegel sehr hässlich findest mit Deinem kurzen, dünnen Haar, aber das stimmt nicht; ich weiß, wie schön Du bist. Ich bedaure nur, dass ich nicht bei Dir sein kann, um dich zu küssen und zu verwöhnen, auch wenn Dir mein Gekeife manchmal lästig fällt. Ich bete Dich an, mein Diego.«

Im Jahr nach ihrer Hochzeit zieht das Paar in die Vereinigten Staaten. In Detroit, dem Mekka der amerikanischen Schwerindustrie, gestaltet Diego Rivera 27 über zehn Meter lange Wandgemälde. Er arbeitet wie ein Besessener, seine Energie ist inspirierend für seine von Heimweh geplagte Frau, und sie versucht, ihm nachzueifern. Rivera ermutigt sie, sich als Künstlerin zu sehen. Er bleibt der erste und glühendste Bewunderer ihrer Kunst, er stellt sogar ihr Können hoch über das eigene.

Ein weiterer Schicksalsschlag überschattet Fridas Leben am 4. Juli 1932. Sie erleidet, im dritten Monat der Schwangerschaft, zum zweiten Mal eine Fehlgeburt, bei der sie fast ihr Leben verliert. Die Ärzte im Henry Ford Hospital von Detroit machen ihr klar, dass sie nie ein Kind bekommen wird. Ihren Traum, Mutter zu werden, muss sie endgültig begraben. Die Malerin ist am Boden zerstört. Ihre Situation verarbeitet sie in dem intimen Selbstbildnis *Henry Ford Hospital oder das fliegende Bett*, das die nackte, blutende Frida in einem in einer kargen Landschaft stehenden, umgekippten Krankenbett zeigt.

Hinzu kommt, dass Don Diego ein flatterhafter, unkontrollierbarer Schürzenjäger ist, dessen Künstlerseele allerlei weiblichen Zuspruchs bedarf. Treue hält er für eine bourgeoise Tugend, und obwohl er regelmäßig fremdgeht, schätzt er es keineswegs, wenn seine Frau sich das gleiche Recht herausnimmt. Frida ist eine Frau mit unglaublichem Charme, mit Temperament und Energie. Männer wie Frauen verlieben sich auf der Stelle in sie. Rivera nimmt ihre weiblichen Liaisons nicht weiter ernst, tritt aber vehement gegen männliche Konkurrenten auf. Als er sie mit dem japanischen Bildhauer Isamo Noguchi im Bett erwischt, jagt er ihn mit gezückter Pistole aus dem Haus. Für einen endlosen, aufregenden Monat brennt Frida mit dem Assistenten ihres Mannes, dem damals 25 Jahre alten Heinz Berggruen, nach New York durch, bevor sie zu Rivera zurückkehrt. In Paris hat sie eine Liaison mit der Frau von André Breton. Eine leidenschaftliche Affäre verbindet sie mit Leo Trotzki, dem kommunistischen Revolutionär, den sie während seines politischen Asyls in

Mexiko mit seiner Frau in ihrem Haus aufnimmt. Mit dem Fotografen Nickolas Murray unterhält sie zehn Jahre lang eine heimliche On-off-Beziehung. Er macht einige der schönsten Porträtfotos, die wir heute von Kahlo kennen.

Riveras Auftraggeber in den USA versuchen, sich mit dem beeindruckenden Künstlerpaar aus Mexiko zu schmücken. Die Fords und Rockefellers laden sie in ihre Häuser ein. Frida und Diego sehen die »reichen Säcke« und deren Heimatland kritisch, doch sie wahren zunächst die Form. Rivera erscheint im Dinnerjacket auf Cocktailpartys, seine Frau bezirzt die männlichen Gäste. Henry Ford lässt es sich auf seinen Bällen nicht nehmen, mehrmals mit der Malerin zu tanzen. Er schenkt ihr ein eigens für sie konstruiertes Auto. Gegen die Langeweile auf den Teegesellschaften der Gringo-Gattinnen in ihren grauen Kostümen rebelliert sie mit exzentrischer Zurschaustellung von Opulenz. Voller Schalk ersetzt sie ihre Goldkronen durch künstliche Zähne mit rosafarbenen Diamanten und trägt allen Schmuck, den sie besitzt. Sie singt, tanzt und flirtet für ihr Leben gern. Sie raucht wie ein Schlot, kippt den Tequila hinunter wie ein Seemann, und ihre Flüche können es mit denen jedes Gassenjungen aufnehmen.

Als sie 1939 zu ihrer ersten Ausstellung nach Paris reist, verbreitet sie das Gerücht, sie trage im kalten europäischen Winter unter ihren bauschigen Röcken weder Strümpfe noch Unterwäsche, was die allgemeine Aufregung über ihren Aufenthalt in der Stadt noch verstärkt. Sie wohnt in der heruntergekommenen Wohnung von André Breton und seiner Frau Jacqueline und ist von Beginn an von Paris enttäuscht. Doch ihre Ausstellung ist ein großer Erfolg. Der Louvre kauft ein Selbstporträt, die französische *Vogue* bringt ihr Foto auf dem Cover und Elsa Schiaparelli kreiert ihr zu Ehren ein Kleid – *La robe Madame Rivera*. Picasso schenkt ihr Ohrringe in der Form kleiner Hände. Aber Frida Kahlo bleibt die Pariser Bohème fremd. Gesundheitlich angeschlagen begibt sie sich in ärztliche Obhut ins amerikanische Krankenhaus. Nach ihrer Entlassung reist sie überstürzt ab und schreibt nach Hause: »Du machst Dir keine Vorstellung, was das alles für verwahrloste Erscheinungen sind, einfach zum Kotzen! … Stundenlang sitzen sie in ihren Cafés, wärmen ihre hübschen Hintern und reden ohne Punkt und Komma über Kultur, Kunst und Revolution und kommen sich wie der Herrgott selber vor. … Tags darauf haben sie nichts zu essen, weil keiner von ihnen arbeitet.«

Im Sommer 1939 bricht Frida Kahlos Welt zusammen. Diego ist zu weit gegangen. Dieses Mal ist es ein doppelter Verrat: Er betrügt sie mit ihrer jüngeren Schwester Cristina, die er als seine »Sekretärin« eingestellt hat. Dreist legt er seiner Frau eine schriftliche Bestätigung seines Hausarztes vor, der ihm attestiert, er brauche Sex mit anderen Frauen. Zehn Jahre nach der Hochzeit lässt Frida sich von ihm scheiden. Demonstrativ schneidet sie sich ihre langen Haare ab, die Rivera so gefallen, und trägt statt ihrer femininen Trachten nun einen Overall. Auf einem Selbstporträt stellt sie sich in einem viel zu großen Männeranzug dar; auf dem Boden um sie herum liegen ihre Haare. Der dunkle, übergroße Anzug und ihre Kurzhaarfrisur signalisieren: Frida will nicht mehr Frau sein, nicht mehr das schwache Opfer. Doch der Männeranzug ist zu groß und lässt die Malerin noch zarter erscheinen, als sie ist. Die zur Schau gestellte künstliche Männlichkeit entblößt erst recht ihre Fragilität.

Rivera verspricht Besserung und zieht wieder bei ihr ein, die beiden heiraten nach einem Jahr erneut. Die zweite Ehe funktioniert besser. Das Paar findet eine neue Form des Zusammenlebens, die beiden Partnern Unabhängigkeit verschafft und ihnen dennoch ermöglicht, vieles gemeinsam zu machen. Kahlo ist, auch durch ihre künstlerischen Erfolge, selbstbewusster geworden und richtet ihr Leben nicht mehr nach Riveras, sondern nach ihren eigenen Bedürfnissen aus. Dieses Mal besteht sie auf einem Ehevertrag, der zwei Bedingungen enthält. Erstens: Die Malerin will von ihrem Mann kein Geld mehr annehmen, sondern sich ihre Unabhängigkeit durch den Verkauf ihrer Bilder sichern. Zweitens: Keine sexuellen Beziehungen mehr zwischen den Eheleuten. Frida nimmt in Zukunft gegenüber Diego eine mütterliche Funktion ein. Dadurch weist sie ihm die Rolle des kleinen, unverbesserlichen Jungen zu, dessen charakterliche Schwächen und Hang zum Ehebruch sie belächeln kann. Sie versöhnt sich mit ihrer Schwester Cristina, auf deren Freundschaft und Beistand sie nicht verzichten kann.

Der Ort, der Frida Kahlo ein Leben lang Stabilität gibt, ist die *Casa Azul*, in der Londres Straße 127 in Coyoacàn, ursprünglich im Besitz ihrer Eltern. Hier kommt Frida zur Welt, hier lebt und arbeitet sie, hier empfängt sie Künstler und Intellektuelle. Das Haus, heute ein

Museum, ist ein Gesamtkunstwerk, in dem jedes Stück seine Bedeutung hat und jeder Winkel die unterschiedlichen Facetten von Fridas Persönlichkeit widerspiegelt.

Die Räume gleichen Schatzkammern voller Bücher, Fotos, Vasen, Puppen und Puppenstuben. Frida mischt verschiedene Stile, Alt und Neu, Kitsch und Hochartifizielles. Auf ihrem Esstisch drapiert sie jeden Tag überbordende Stillleben aus exotischen Früchten und Kokosnüssen, dazu Muscheln und Steine. Mittelpunkt des Hauses ist die rustikale Küche, in der Frida mit ihrer Köchin Eulalia den Speiseplan bespricht und mit ihrer Unterstützung scharf gewürzte Chilis, Hühnchen mit Reis, Fischsuppen und Tortillas zubereitet.

Anlässe zum Feiern findet Frida immer und überall, ihre Fiestas sind berühmt und berüchtigt, ihre Gastfreundschaft und Großzügigkeit kennt keine Grenzen.

Ein besonderes Ereignis ist ihr Geburtstag am 6. Juli. Die Gäste erscheinen schon am Nachmittag und laben sich am Inhalt unzähliger Schüsseln, Krüge und Platten, die im Garten aufgebaut sind. Zum Dessert gibt es Karamellbonbons, Makronen, Meringue, Nougat und Pinienflan.

Die Malerin liebt Tiere und hält sich einen eigenen kleinen Zoo: Eichhörnchen, ein Reh, eine kleine Eule, einen Klammeraffen namens Fulang-Chang, Katzen, Frösche und ein Hündchen. Zudem zwitschern Singvögel und zahme Papageien in ihren Käfigen. Der Patio der *Casa Azul* gleicht einem Paradiesgarten mit schattigen Sitzecken, Wasserläufen, Palmen, Bananenstauden und einem Fischteich. Hier wachsen die Blüten, die sie sich ins Haar steckt, üppige Dahlien, Amaryllis und Bougainvillea.

Das Haus beherbergt aber auch stumme Zeugen von Fridas körperlicher Versehrtheit wie ihre leidigen Krücken. An den Wänden hängen bemalte Kuriositäten, Skelette und Totenschädel aus Papier.

Fridas Schlafzimmer liegt im ersten Stock im äußersten linken Eck des Gebäudes, mitten im Raum steht ihr schmales Himmelbett, rechts davon führt der Weg über zwei Treppenstufen und durch eine Metalltür mit Milchglasscheiben in ihr weiß gefliestes Bad und Ankleidezimmer.

Es schien, als hätte man alles gewusst über Frida Kahlo, als 2004 das Schloss entfernt wurde, mit dem dieser Bereich des Hauses auf Wunsch ihres Mannes verriegelt worden war. Erst 50 Jahre nach seinem Tod durfte es geöffnet werden. Fridas persönliche Hinterlassenschaft verbirgt sich in einem bescheidenen weißen Kleiderschrank und in etlichen Pappkartons. Zu ihr gehören Liebesbriefe, Medizin, Schmuck, orthopädisches Gerät und ihre Garderobe: ein reicher Fundus aus 300 Kleidungsstücken.

Auftritt Frida Kahlo im Palast der schönen Künste in Mexico City. Wieder einmal kommt sie zu spät. Die Ouvertüre zu *Parsifal* erklingt bereits, doch die Musik aus dem Orchestergraben wird übertönt durch Geklapper und Geklimper. Alle Blicke gehen nach oben in die Loge im zweiten Rang, in der Frida gerade Platz nimmt. Ihre bauschigen Röcke rascheln, ihre wagenradgroßen Ohrringe funkeln, ihre schweren Ketten und unzähligen Armreifen klingeln. Während sie auf ihren Selbstporträts aufklaffende Körper, blutende Herzen, Tränen und amputierte Gliedmaßen malt, erlebt die Welt bei ihren öffentlichen Auftritten eine elegante Erscheinung in königlicher Haltung.

Seit ihrer Hochzeit trägt Frida die farbenprächtig leuchtende Volkstracht der Indiofrauen. Doch wird die Großstädterin nicht zur indigenen Frau vom Lande, weil sie eine nationale oder regionale Zugehörigkeit ausdrücken will, sondern weil die Tracht für sie funktional ist: Sie kaschiert ihre Verletzungen. Die kurzen, kastenartigen Blusen umspielen das Gipskorsett und bauschen sich nicht am Rockbund, besonders nicht im Sitzen oder Liegen, was wichtig ist, da Kahlo oft für lange Zeit an den Rollstuhl oder ans Bett gefesselt ist. Die bodenlangen, weiten Röcke verbergen elegant ihr zerschmettertes Bein, ihre Narben und später ihre Prothese. Sie besitzt 20 dieser prächtigen, seidig knisternden Exemplare, die sie bei indigenen Schneiderinnen anfertigen lässt. Dazu legt sie sich farblich passende *rebozos* um die Schultern, breite Schals oder Umhänge. Sie verwandeln die versehrte, häufig von Schmerzen gepeinigte Künstlerin in die Person, die sie sein will: eine vitale, leuchtende Gestalt.

Zu ihrem prachtvollen indigenen Look kombiniert sie problemlos eine Maojacke, Revlon-Nagellack, Chanel-Parfum und natürlich jede Menge Schmuck. Zwanzig Ringe, schwere Maya-Halsketten aus Jade, Korallenketten und immer wieder Ohrringe, die so voluminös sind, dass man um die Belastbarkeit ihrer Ohrläppchen fürchten muss. Goldene Tropfen mit Aquamarinen, Schmetterlinge mit frei herunterhängenden Stäbchen, die sich bei jeder Bewegung wellenförmig drehen, oder riesige Blumenbuketts, die sie wegen ihres Gewichts nur zu Porträtaufnahmen trägt. Besonders wichtig sind ihr schöne Schuhe, ja, Frida Kahlo hat einen veritablen Schuhtick. Sie besitzt Stiefeletten aus pinkfarbenem Leder mit weißem Spitzenbesatz und lila Seidenstiefeletten mit aufgestickten silbernen Glasperlen und gelben Schnürbändern – der rechte Schuh jeweils zum Ausgleich ihrer Behinderung mit erhöhtem Absatz und erhöhtem Schaft.

Einige ihrer engen Freunde haben beschrieben, mit welcher Sorgfalt, ja Obsession Kahlo jeden Tag ihre Garderobe zusammenstellt, ihren Schmuck aussucht, sich schminkt und frisiert. Jeden Morgen malt sie ein neues, originelles Bild von sich. Sie betont ihren Kopf und die Bereiche oberhalb der Taille mit kunstvollen Frisuren und lenkt so vom deformierten unteren Teil ihres Körpers ab. Sie flicht sich Zöpfe, steckt sie in barocken Formationen zu einem Mond oder einer Krone auf und schmückt sie mit Seidenschleifen, Spangen, Kämmchen und Blumen aus ihrem Garten. Gelegentlich umwickelt sie ihre Haare mit dicken, bunten Wollkordeln. Das lässt die ungefähr 1,55 Meter große Frida Kahlo größer wirken.

Auch in ihren letzten Lebensjahren, in denen die Malerin häufig lange ans Bett gefesselt ist und nur noch wenig Besuch bekommt, bleibt Kleidung für sie von enormer Bedeutung. Tag für Tag zieht sie sich an, »als wenn sie zu einer Fiesta gehen wollte.« Für ihren Biografen Hayden Herrera ist die kostbare Verpackung ein Versuch, die Mängel ihres Körpers auszugleichen und dem Gefühl der Gebrochenheit entgegenzuwirken. »Je mehr ihre Gesundheit sie verließ, desto bunter und komplizierter wurden die Bänder, Blumen, der Schmuck und die Schärpen.« Kleidung spricht, aber im Fall von Frida

Kahlo spricht sie nicht die Wahrheit. Ihre farbenfrohen Kleider und verspielten Accessoires sind ein gigantisches Täuschungsmanöver.

Über lange Zeit gelingt es Frida Kahlo, trotz widriger Umstände Herrin ihres Schicksals zu bleiben. Dabei hilft ihr, dass sie ihren Blick verändert. Deutlich wird das an ihren orthopädischen Hilfsmitteln. Um die Folterinstrumente, wie sie sie nennt, besser ertragen zu können, gestaltet sie sie zu kleinen Kunstwerken. Das schmälert ihr Leid, zeitweise zumindest. Sie verziert die panzerartigen Hüllen mit Federn, Schmucksteinen, mit kleinen, runden Spiegeln und bemalt sie mit Vögeln, Sternen, Korallen, dem kommunistischen Emblem und einem Embryo, der die Züge Diegos trägt. Die Liste von Kahlos orthopädischen Korsetten spricht Bände. Sie hat eins aus Stahl, drei aus Leder, über zwanzig aus Gips.

Nachdem zunächst zwei Zehen an ihrem rechten Fuß amputiert worden sind, erreicht der Wundbrand ihr Bein. Sie verliert ihren Unterschenkel. Die Amputation im Juli 1953 ist für Kahlo ein persönliches Drama – und eine entsetzliche Verletzung ihres ästhetischen Empfindens. Anfangs weigert sie sich, eine Prothese auch nur in Erwägung zu ziehen, doch dann erkennt sie, dass das Gefesseltsein an den Rollstuhl keine Lösung ist. Sie lässt sich ein Holzbein anfertigen, das wie ein anrührendes und morbides, ein bestürzend-schönes Kunstwerk aussieht. Es ist eingekleidet in einen luxuriösen Schnürstiefel aus weichem, rotem Rindsleder. Es hat eine Plateausohle, ist mit chinesischen Goldmotiven bestickt und mit einem grünen Spitzenband mit weißen Federn verziert. Am Schaft sind zwei Glöckchen befestigt, die bei

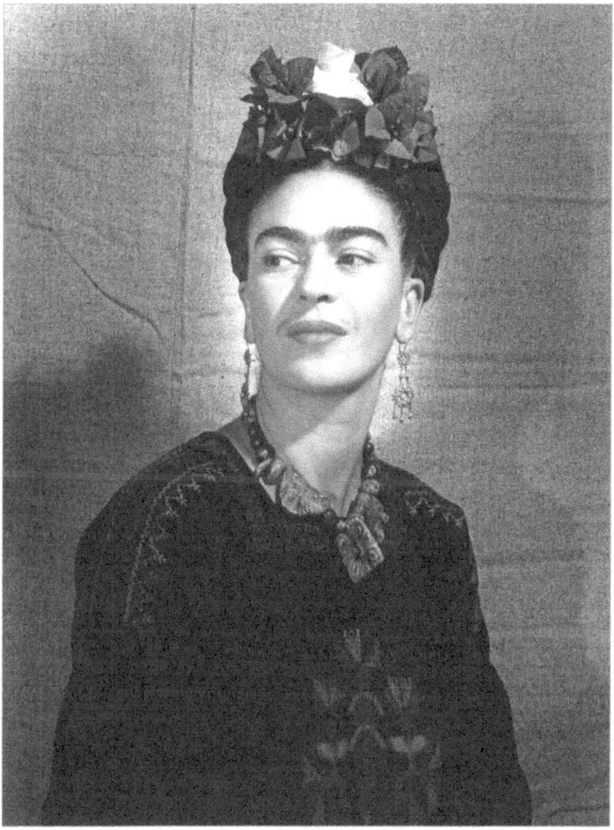

*»Wozu brauche ich Füße, wenn ich Flügel habe?«*

jedem Schritt leise klingeln. Ein winziger, zutiefst anrührender Triumph über den Tod.

Trotz ihrer gesundheitlichen Krisen verspürt Frida eine ungeheure Freude am Leben. Immer noch gibt es so viel zu erleben, so viel zu entdecken. Sie geht ins Theater und ins Kino, kümmert sich um ihre Tiere und empfängt ihre Studenten von der Kunstakademie, die sie vom Rollstuhl aus im Innenhof in der *Casa Azul* unterrichtet und mit denen sie lacht und sich plötzlich wieder ganz leicht fühlt. Galeristen und Sammler treffen sich weiterhin bei ihr zu fröhlichen Gelagen, bei denen Fridas Affen um den Tisch turnen und den Gästen die Haare zerzausen.

Bereits 1946 werden die Schmerzen im Rücken und im Fuß heftiger und sie unterzieht sich in New York einer weiteren Operation. Vier Lendenwirbel werden miteinander verbunden, dazu muss Knochenmaterial aus dem Becken transplantiert werden, eine 15 Zentimeter lange Metallschiene wird implantiert. Die erhoffte Linderung ihrer Schmerzen tritt nicht ein. 1950 ist ein schwarzes Jahr. Siebenmal hintereinander muss sie an der Wirbelsäule operiert werden, sie liegt zwölf Monate im Englischen Krankenhaus in Mexico City. Rivera mietet ein Zimmer neben dem ihren, damit er die Nächte in der Nähe seiner Frau verbringen kann.

Nach außen lässt Kahlo sich wenig anmerken, doch die Schmerzen werden so unerträglich, dass man ihr Morphium und Demerol verabreicht. Es ist der Beginn ihres Niedergangs in Drogensucht und Alkoholismus. Sie verlässt das Haus kaum noch. Einer ihrer letzten öffentlichen Auftritte findet im April 1953 in der *Galeria de Arte Contemporáneo* statt, als ihre erste Soloausstellung in Mexiko eröffnet. Da die Ärzte ihr verboten haben, aufzustehen, lässt sie ihr Bett in die Galerie bringen. Sie kommt, von einer Motorradeskorte begleitet, im Krankenwagen angefahren, wird auf einer Bahre hereingetragen und in ihr Himmelbett gelegt, das man mitten in die Galerie gestellt hat. Angetan mit einem ihrer schönsten Tehuana-Kostüme, das Haar im Yalalteca-Stil geflochten, ist sie der Mittelpunkt der Ausstellung. 200 Besucher sind erschienen. Alle wissen, dass es ein Abschied ist.

Am 6. Juli 1954 erlebt Frida ihren letzten Geburtstag. Sie sieht nicht mehr gut, hat kaum noch Kraft. Sie braucht viele Stunden, um ihr Haar zu kämmen, das durchsichtig gewordene Gesicht mit Make-up und Lippenstift herzurichten. Ein letztes Mal ermuntert sie ihre Freundinnen, an ihrem Bett zu singen, zu rauchen, zu lachen und zu trinken. Eine Woche vor ihrem Tod beendet die Malerin ihr letztes Bild. Es zeigt Wassermelonen, ganz, in Stücke geschnitten, zerhackt, halbiert und geviertelt. Am Ende taucht sie ihren Pinsel in blutrote Farbe und schreibt über die im Vordergrund des Bildes drapierten Früchte »Viva la vida« – Frida Kahlos Schlusswort. Es ist vielleicht das Wichtigste, das sie uns hinterlässt.

Die Malerin glaubt nicht daran, dass nach dem Tod noch etwas kommt. Sie werde sofort vergessen sein, mutmaßt sie. Doch Zeit für ein Lied, für ein Gedicht müsse bei der Totenfeier sein. Auch ihr Kleid soll ein Gedicht sein. Sie äußert den Wunsch, in einer schwarz-weißen Tracht aus Yalalag, mit Blumen und Bändern im Haar, Ohrringen, kostbaren Ketten und einem Ring an jedem

Finger begraben zu werden. Am 13. Juli 1954 stirbt Frida Kahlo im Alter von nur 47 Jahren.

Am 30. Juli 1958, ein Jahr nach Diego Riveras Tod, wird in der Londres Straße 127 in Coyoacan das *Museo Frida Kahlo* eröffnet. Selbstverständlich in Anwesenheit der Künstlerin. Man platziert das Säckchen mit ihrer Asche auf einem Sofa. Daneben steht ihre Totenmaske, umkränzt von einer schönen Blumengirlande. Das Fest kann beginnen.

## *Louise Nevelson*
## *»Mein Leben ist eine einzige große Collage«*

Ihr ganzes Leben lang ist ihr kalt. Auch am ersten Schultag friert sie. Jedes Kind weiß, in welchen Klassenraum es gehen muss, nur sie nicht. Sie kennt niemanden, sie versteht die fremde Sprache nicht. Geboren ist sie am 23. September 1899 im zaristischen Russland in einem Shtetl in der Nähe von Kiew in der Ukraine. Als sie drei Jahre alt ist, verlässt der Vater die Familie, um sich in den USA eine neue Existenz aufzubauen. 1905 lässt er seine Frau und seine drei Kinder nachkommen.

Der Vater erwartet seine Familie in Rockland, einer Provinzstadt an der Küste von Maine. »Juden! Juden!«, rufen die Kinder auf der Straße hinter den Geschwistern und ihren Eltern Isaac Berliawsky und Minna Zeisel Smoleransk her. Ein Onkel, der schon länger in den USA lebt, gibt ihnen neue, englische Vornamen. So wird aus Leah Louise. Der Vater arbeitet zunächst als Holzfäller und Lumpensammler, eröffnet zwischenzeitlich einen Lebensmittelladen und wird schließlich sogar ein erfolgreicher Bauunternehmer. Vor den Sonntagsspaziergängen putzt die Mutter ihre Töchter auf. »Das war ihre Kunst, ihr Stolz und ihre Aufgabe,« schreibt Louise Nevelson in ihrer Autobiografie. »Meine Mutter wollte, dass wir uns wie Königinnen kleiden.« Louise ist schon als Kind eine auffallende Schönheit, mit dunklen Augen, langem, schwarzem Haar und ihrer mutigen Art, sich unkonventionell zu kleiden. Mit 14 Jahren kauft sie bei Woolworth eine Hutform und Leinen für eine kleine Kreation von ganz eigenem Stil. Sie drapiert den Stoff in Falten, schneidet Schablonen in Schmetterlingsform aus, bemalt sie und verschönert damit die Kappe. So zeigt sich schon früh ihre Überzeugung, dass Frauen ein natürliches Recht auf Extravaganz haben. Das begabte und ehrgeizige Mädchen erhält Unterricht in Zeichnen, Gesang, Klavier und Ballett. Sie weiß genau, was sie will: die Provinz hinter sich lassen und Künstlerin werden. Ihre Röcke sind weit, ihre Schuhe flach, inzwischen ist sie 17. Sie macht große Schritte, sie überragt mit ihrer Größe von 1,80 Meter die meisten Männer, nicht nur körperlich, sondern auch geistig. Auch Charles Nevelson, ihren zukünftigen Mann, einen jüdischen Reeder aus New York, kahl, rundlich und 20 Jahre älter als sie.

Es sieht wie die ideale Verbindung aus: Charles Nevelson bekommt eine attraktive, kultivierte Frau, Louise Berliawsky einen wohlhabenden Mann und durch die Heirat als Erste in ihrer Familie die ersehnte amerikanische Staatsbürgerschaft. Nevelson verspricht ihr, dass die Ehe kinderlos bleiben und er ihr Kunststudium finanzieren werde. Am 12. Juni 1918 wird Louise Berliawsky zu Mrs. Charles Nevelson. Nach den Flitterwochen auf Kuba tut sie nach ihrer eigenen Aussage nichts weiter als das, was alle jungen Ehefrauen der New Yorker Oberschicht jener Zeit tun: Sie fährt mit weißen Handschuhen in ihrem Cabriolet zu Bridgepartys. Wenn sie am Abend mit ihrem Mann in die Metropolitan Opera oder zu den New Yorker

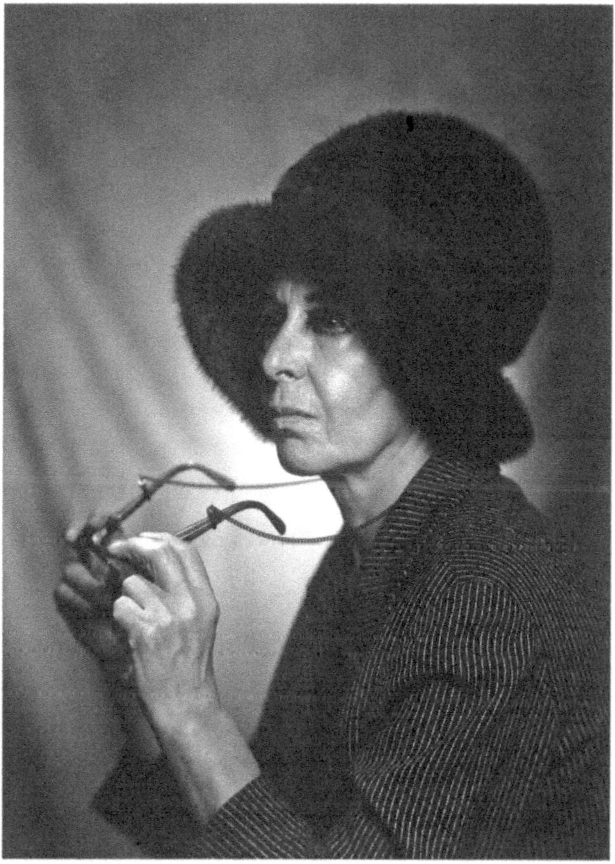

*»Ich glaubte an mich und ich war sehr zufrieden mit mir.«*

Philharmonikern geht, im Organzakleid, mit Perlencollier, Diamantohrringen und aufgesteckten Haaren, und sich im Foyer ihres Apartmenthauses im Spiegel sieht, fragt sie sich, wer die verkleidete Person ist, die ihr entgegenblickt.

Die Nevelsons haben nicht nur ein Dienstmädchen und einen Koch, sondern bald auch ein deutsches Kindermädchen. Im Februar 1922 kommt der gemeinsame Sohn Myron, genannt Mike, zur Welt. Kurz darauf verschlechtert sich jedoch die wirtschaftliche Situation Nevelsons drastisch, sodass die Familie nach Brooklyn umziehen und das Personal aufgeben muss. Louise sitzt in der Falle – mit einem Ehemann und einem Sohn, die sie daran hindern, das zu werden, was sie sein will: eine Künstlerin. Letztendlich sind es Kleidungsstücke, die Louise Nevelson aus ihrer Ehe befreien. Es geschieht im Winter 1928, während ihres Besuchs einer Ausstellung kostbarer japanischer Noh-Kimonos im *Metropolitan Museum*. Was sie dort sieht, erweist sich als Offenbarung! Jede Robe ist ein Universum für sich. Einige bestehen aus goldenen Stoffen, so fein gewebt, wie sie es nie zuvor gesehen hat. Die textilen Kunstwerke bestärken Louise darin, das in ihren Augen triste Leben als Ehefrau und Mutter hinter sich zu lassen und als Künstlerin ihren eigenen Weg zu gehen.

Mit 30 Jahren beginnt für sie ein neuer Lebensabschnitt. Sie besucht Schauspielkurse und schreibt sich an der besten Kunstschule New Yorks, der *Art Students League*, ein. Bald schon ist sie als begabte Zeichnerin bekannt. Um ihren häuslichen Verpflichtungen nachzukommen, nimmt sie zunächst nur an Vormittagskursen teil. Doch die Veranstaltungen sind zu verlockend, und bald studiert sie auch nachmittags und am Abend. Als sie beschließt, nach München zu gehen, um bei Hans Hoffmann zu studieren, verweigert Nevelson ihr die Unterstützung. Daraufhin packt Louise kurzerhand einen kleinen Koffer und bringt ihren sieben Jahre alten Sohn zu ihren Eltern nach Maine, die sich bereit erklären, sich um ihren Enkel zu kümmern und ihr das Studium in Deutschland zu ermöglichen. Im Konflikt zwischen ihren künstlerischen Ambitionen und dem Frauenbild ihrer Zeit, das suggeriert, eine Mutter müsse rund um die Uhr für ihr Kind da sein, entscheidet sich Louise für die Kunst. In ihren Augen zeugt ihre Haltung nicht von Egozentrik, sondern von Konsequenz und Zielstrebigkeit – Eigenschaften, die bei einem Mann als Voraussetzung seines Erfolgs gelten, aber ihr als Frau angekreidet werden. Alles, was sie von ihrer Arbeit ablenken könnte, und dazu gehört auch ihr Kind, wird sie in Zukunft hintanstellen. Das schlechte Gewissen gegenüber ihrem heranwachsenden Sohn bleibt eine Belastung für sie.

Eine in München aufgenommene Fotografie Louise Nevelsons illustriert ihre Befreiung aus der bourgeoisen Welt ihres Mannes: Sie trägt ein avantgardistisches Kleid mit Pelerine und als Kopfbedeckung ein zum Turban gebundenes Tuch. Dazu hat sie kleine Kreolen und eine Kette aus kunstvoll verzierten Holzquadern angelegt. Ihre Lippen sind dunkelrot geschminkt. Sie sieht ein bisschen anarchisch aus, frei und ungemein attraktiv.

Nach ihrer Rückkehr nach New York im Herbst 1932 hat Charles Nevelson zunächst noch die Hoffnung, seine Frau könne sich besinnen und zu ihm zurückkehren.

Er bewilligt ihr lausige 10 Dollar pro Woche als Unterhalt. Doch Louise ist entschlossen, für ihre Freiheit alle Sicherheiten aufzugeben. In ihrer Autobiografie bekennt sie: »Für mich konnte das Leben nicht aus einer Verbindung zwischen Herrn und Sklavin bestehen. Und deshalb machte ich mir das größte Geschenk, das ich haben konnte, mein eigenes Leben.« Sie ist in ihrer Zeit die einzige bekannte amerikanische Künstlerin, die nicht von einem einflussreichen Ehemann oder Liebhaber unterstützt wird, sondern geschieden ist und allein lebt.

In der ersten Dekade ihrer Karriere ist sie noch unsicher in ihrer Selbstdarstellung. Die mittellose Künstlerin tritt in der Öffentlichkeit in der teuren Garderobe ihres früheren Lebens auf. Ihre Biografin Laurie Wilson hält Nevelsons exquisite Kleider aus dieser Lebensphase »für eine tragende Säule, die ihr half, aufrecht zu stehen, über der Menge, trotz der vielen Zurückweisungen, die ein Künstler unweigerlich erlebt, wenn er sich eine Karriere aufbauen will.« In der New Yorker Kunstszene werden Frauen mehr geduldet als gefördert, was dazu führt, dass einige, wie etwa Georgia O'Keeffe, die Attribute ihrer Weiblichkeit minimieren. Nevelson hingegen reizt das Potenzial aus. Immer ganz in Schwarz, im maßgeschneiderten Kostüm, mit riesigem Hut aus Samt, Diamantohrringen und Pelzstola unternimmt sie die Anstrengung, an den richtigen Orten gesehen zu werden und auf ihre Arbeit aufmerksam zu machen. Eingeladen oder nicht, erscheint sie auf Vernissagen und Partys der High Society, auf denen sich einflussreiche Leute aus der Kunstszene treffen. In Künstlerkreisen sorgt die selbstbewusste Frau mit dem großen

Ehrgeiz und den teuren Kleidern für Verwirrung. Despektierlich nennt man sie »the hat«. Manchmal hat sie die extravaganten Kopfbedeckungen gestohlen, einige sind Geschenke von Liebhabern. Mit ihrer funkelnden Garderobe setzt sich Nevelson unter Künstlern dem Vorwurf aus, sie sei ihr einziges Talent und nur dazu da, um ihre künstlerischen Schwächen zu kaschieren.

Doch Nevelson schert sich weder um Gerede noch um Konventionen; ständig tut sie Dinge, von denen sie weiß, dass sie ihr einen zweifelhaften Ruf einbringen. Lange vor der Frauenbewegung betrachtet sie es als ihr Recht, so viele Affären zu haben, wie sie will. »Ich habe immer gedacht, dass ich eine glamouröse, verdammt aufregende Frau bin. (...) Ich wusste genau, was ich tat. Ich glaubte an mich und ich war sehr zufrieden mit mir. Ich hätte niemandem erlaubt, ein Urteil über mein Leben zu fällen.« Als sie vor dem Schaufenster des Luxuskaufhauses *Bergdorf Goodman* ein Kleid bewundert und ein Mann vorbeikommt, der ihr sagt, das Modell würde ihr gut stehen, zögert sie nicht und geht mit ihm hinein. Er kauft es ihr, und sie verbringt mit ihm das Wochenende in Atlantic City. Als ihre Freundin Alice Neel sie fragt, wie sie sich das neue, teure Kleid leisten könne, antwortet sie unverblümt: »Fucking, dear, fucking.«

Drei Mal in der Woche nimmt sie Unterricht bei der Tanztherapeutin Ellen Kearns. Die Atem- und Körperübungen helfen ihr, ihren ureigenen Rhythmus zu entdecken, Vertrauen in ihre Fähigkeiten zu finden und schließlich die Bildhauerei als die ihr gemäße künstlerische Ausdrucksform zu entdecken. Sie fertigt zunächst Bronzen – kleine Figuren in expressiven Bewegungen.

Manchmal beteiligt sie sich an Gruppenausstellungen in kleinen Galerien. Sie wohnt in billigen Pensionen, schläft zuweilen auf der Couch bei Freunden, oft hat sie kaum etwas zu essen. 1934 mietet sie mit finanzieller Unterstützung ihrer Familie ihr erstes eigenes Studio. Es verschafft ihr die nötige Privatsphäre, sich ganz auf ihre Arbeit zu konzentrieren und ihre Werke in einem eigenen Raum auszustellen. Immer wieder jedoch muss sie Familie und Freunde um Geld bitten und umziehen, weil sie ihre Miete nicht bezahlen kann.

Mit dem Ausbruch des Zweiten Weltkrieges und der Flucht namhafter europäischer Künstler aus Europa in die USA, die den New Yorker Kunstmarkt mit ihren Werken überschwemmen, verschlechtert sich die Situation unbekannter amerikanischer Künstler. Nevelson hat kein Einkommen. Ungeziefer in ihrem Apartment und ständige Zurückweisungen in Galerien machen ihr zu schaffen, ihr Alkoholkonsum steigt. In ihrer Verzweiflung entschließt sie sich zu einem kühnen Schritt. Sie ist jetzt fast 42 Jahre alt, eine stattliche Schönheit, die bereit ist, jeden Preis zu zahlen, um endlich Anerkennung für ihre Arbeit zu bekommen. Längst durchschaut sie die Machtspiele der Kunstwelt und weiß sie sich zunutze zu machen. Kleidung ist dabei, vor allem bei Frauen, ein wichtiger Faktor. So sucht die Künstlerin 1941 kurzerhand den renommierten deutsch-amerikanischen Kunsthändler Karl Nierendorf in seiner Galerie an der East 57th Street auf: in einem eng anliegenden Kostüm, Pumps, mit Handschuhen, opulentem Hut und eleganter Handtasche. Nierendorfs Räume zählen in New York zu einer der ersten Adressen der Avantgarde. Hier treffen sich Man Ray, Amédée Ozenfant, Piet Mondrian, Fernand Léger und andere aus Europa geflohene Maler, Architekten, Musiker und Theaterleute zu Vernissagen, Musik- und Filmabenden. Der aus Berlin emigrierte Galerist hat den New Yorkern Paul Klee und Käthe Kollwitz präsentiert. Es ist bekannt, dass der Junggeselle dominante Frauen bewundert. Ohne Umschweife fordert Louise Nevelson den verblüfften Mann auf, er solle ihre Arbeiten ausstellen. Er kenne weder sie noch ihre Werke, entgegnet Nierendorf höflich. Sie haucht ihm lasziv die Einladung in ihr Atelier hin und lockt ihn mit einer persönlichen Führung. Der Galerist erscheint noch am selben Abend. Nur einen Monat später geht er das Risiko ein, die erste Einzelausstellung einer amerikanischen Künstlerin in seinen Räumen der völlig unbekannten Louise Nevelson zu widmen. Die Schau in der prestigeträchtigen Galerie erhält wohlwollende Kritiken. Nierendorf wird zu Louise Nevelsons künstlerischem Mentor. Er kauft eine ihrer Skulpturen für seine private Sammlung an und richtet in den kommenden Jahren bis zu seinem plötzlichen Tod 1947 jedes Jahr eine Ausstellung für sie aus. Seine Unterstützung verhilft ihr zum Eintritt in die Kunstszene und dabei, sich künstlerisch weiterzuentwickeln. Am Ende der Dekade beginnt sie, mit einem für eine Bildhauerin unkonventionellen Material zu experimentieren, das zu ihrem Leitmotiv wird: Holz. Aus Holz waren die Häuser in Kiew, die Tische, Stühle und Schalen im Haus ihrer Eltern in Rockwell, die Bäume im Wald ihres Vaters. Alle anderen Bildhauer in New York arbeiten mit Metall, doch Holz ist billig, es ist weich, es lebt, es riecht gut, und es ist viel leichter zu bearbeiten. Holz liegt überall auf den Straßen herum, als Abfall. Man muss nur früher auf den Beinen sein als die Müllabfuhr. Also schnappt sie sich zwischen drei und vier Uhr morgens, so wie es ihr Vater in Rockwell tat, einen Karren und zieht wie eine Lumpensammlerin durch die Straßen Manhattans. Sie wird zu einer obsessiven Sammlerin: alte Stuhlbeine, Paddel, Bettpfosten, Gesimse, Toilettensitze, Baseballschläger – Hauptsache Holz.

*The Game*, eines ihrer frühen Meisterwerke, besteht aus drei Holzfundstücken: einem Baseballschläger, einer Fassdaube und einem breiten Bogen. Zusammen ergeben sie ein Boot mit Mast und Segel. 1943 kuratiert Jimmy Ernst, der Sohn von Max Ernst, eine Ausstellung mit Arbeiten Nevelsons in seiner Galerie, in der sie abstrahierte Tierfiguren aus gesammelten Holzteilen zeigt.

In der zweiten Dekade ihrer Karriere entwickelt Nevelson einen radikal-extravaganten, alle Codes durchbrechenden Look. Ihr erklärtes Ziel lautet: »to be different, of course.« Sie projiziert ihre innere Welt, ihre Ideen, sowohl auf ihr Werk wie auch auf ihr Äußeres. Ihre Kunst und ihre Kleidung inspirieren sich gegenseitig, sie basieren auf den gleichen Prinzipien. Parallel zu ihrem Werk benutzt sie nun auch für sich selbst das, was andere als Abfall betrachten – Kleidung vom Flohmarkt, die sie auf fantasievolle Weise kombiniert. In ihrer Autobiografie schreibt sie: »Mein ganzes Leben ist eine einzige große Collage. Jedes Mal, wenn ich etwas anziehe, schaffe ich ein Bild, ein lebendes Bild, für mich selbst.« Sie trägt Cowboyhut zum Abendkleid, darunter ein kariertes Hemd, oder Jeans zur purpurnen Jacke aus Schlangenleder. Sie kauft, was abgelegt und unmodern geworden ist, das Aus-der-Zeit-Gefallene. Wann immer sie auf einem Flohmarkt in Bergen von Lumpen wühlt, wird sie mit sensationellen Zufallsfunden belohnt, die sie zum Ausdruck ihrer Differenz immer kühner zusammenstellt. Eine Zeit lang experimentiert sie mit ethnisch codierter Kleidung. Sie flaniert in einer griechischen Volkstracht über die Fifth Avenue oder kombiniert einen langen, bunten Rock zum blauen, verwaschenen Jeanshemd, dazu trägt sie einen rotbraunen Ledergürtel als Kette und ein Arbeitstuch als Turban. Mal findet sie einen echten Rotfuchs, den sie zum indigenen Federschmuck trägt, dann kombiniert sie ein Paar Bergsteigerstiefel zum Charlestonkleid. Fotos ihrer ungewöhnlichen Auftritte erscheinen in den Klatschspalten der Zeitungen. Zur Eröffnung ihrer ersten großen Retrospektive im *Whitney Museum of American Art* im Jahr 1964 trägt sie einen Umhang aus zwei purpurfarbenen japanischen Wandbehängen aus Seide. Jeder ist mit einem weißen Kranich, grauen Zweigen und rosa Kirschblüten bestickt. Darunter trägt sie eine bestickte Bauernbluse und einen langen mexikanischen Rock, und auf dem Kopf einen aus einer türkisfarbenen Damastserviette gebundenen Turban. Immer umweht sie ein Hauch von Exotik, ein poetisches Anders-Sein, eine Lust an Witz und Ironie, die unterstreicht: Hier steht eine starke Frau, die sich an keine Norm anpasst und ihren Weg gehen wird.

Eine ganz andere Louise Nevelson treffen Besucher in ihrem Atelier an. Die Künstlerin bezeichnet sich selbst als »Arbeitspferd«. Oft hämmert sie zwei oder drei Tage an einem Stück, ohne Schlaf, fast ohne zu essen. Um keine Zeit mit An- und Auskleiden zu verlieren, trägt sie funktionale Arbeitshosen und Hemden aus dunkler Baumwolle. Tage- und nächtelang arrangiert sie Obstkisten, stellt verschiedene Holzfundstücke hinein und fügt sie in immer neuen Varianten zusammen. Die Kisten geben den fein konstruierten Bildwerken einen Rahmen. Sie tüncht sie schwarz, was ihnen eine magische Aura und räumliche Tiefe gibt, in späteren Jahren auch weiß oder gold. Kleine, abstrakte Wandreliefs und Skulpturen aus Holzfundstücken, die wie wertvollste Schaustücke präsentiert werden, entstehen und werden allmählich immer größer. In den späten 1960er-Jahren werden die Gebilde transparent. Plexiglas ist nun der Werkstoff. Kristalline Konstrukte entstehen. Neben ihren Holzinstallationen schafft sie Hunderte von Terracotta-Arbeiten und mehrere Serien mit Radierungen. »Ich würde lieber 24 Stunden am Stück arbeiten und danach ins Bett fallen als irgendetwas anderes zu tun.« Am Morgen eine Dusche, ein Kaffee und die Zeitung, zwischendurch eine Dose Sardinen, eine Handvoll Rosinen und eine Tasse Tee reichen ihr. Sie hat kein Telefon im Haus. »Angenommen ich will arbeiten. Jemand ruft mich an und sagt mir etwas Falsches. Der Tag wäre verloren.«

Nach 15 Jahren unsteten Lebens kann die Künstlerin dank der finanziellen Unterstützung ihrer Familie und einiger Freunde wie Karl Nierendorf 1945 ein altes Haus auf der Lower East Side erwerben. Es ist heruntergekommen, aber auf jeder Etage gibt es Marmorkamine, Parkettboden, Stuckdecken und raumhohe Fenster. Die beiden oberen Etagen vermietet sie an Freunde und Assistenten und hat dadurch ein festes Einkommen, von dem sie leben kann. Ihre Werkstatt liegt im Erdgeschoss, sie wohnt im 1. Stock. Allein. »Ich beschloss früh im Leben, ein Solist zu sein«, schreibt sie in ihrer Autobiografie.

Ihr Haus ist für Nevelson ein Ort zum Arbeiten. Es gibt kein Wohnzimmer, kein Schlafzimmer, keinen richtigen Tisch, nur drei identische Garnituren von Gartenmöbeln, aber jede Menge prall gefüllter Kleiderschränke. Auf ihren Partys trinken die Gäste Wein aus Marmeladengläsern. Die Suppe kommt aus Konservendosen und wird kalt serviert. Es sei denn, Nevelson hat eine Arbeit beendet und verkauft. Dann tischt sie auf: Fetakäse, Blinis und Kaviar, Hering in allen Variationen, gebratene Lammhaxen, Scotch und Gin im Überfluss. Gegen den Kater am nächsten Morgen isst sie frischen Knoblauch und rohe Zwiebeln. Liebhaber kommen und gehen, meist sind sie jünger, doch das Einzige, das zählt, ist ihre Arbeit. »Eine Affäre zu haben ist wie ein gutes Essen. Es ist angenehm – aber ein Werk zu schaffen, ist etwas ganz anderes, das mich bis heute fasziniert.«

Johnny allerdings bleibt einige Jahre. Er wohnt in ihrem Haus, ist 15 Jahre jünger als sie und saß im Gefängnis, weil er einen Polizisten angeschossen hat. Er ist ihr Liebhaber und eine Art Hausmeister, feuert morgens die Kamine an und geht einkaufen. Sie trifft sich auch mit einem Freund ihres Sohnes, der nach der Affäre zum Besten gibt, jeder Mann an Nevelsons Seite sei verloren, denn mit ihrer Energie, Lebhaftigkeit und Hingabe an ihre Arbeit ersticke sie jeden.

Nevelsons Feminismus ist kompromisslos und seiner Zeit weit voraus. Auf die Frage, ob die Welt männerorientiert sei, gibt sie zur Antwort: »Ja – von Gott an abwärts.« Offen spricht sie über den Preis, den sie als Frau für ihre hart erkämpfte Karriere gezahlt hat. »Ich war attraktiv genug und Männer haben mir von Anfang an geschmeichelt. In der Zeit vor den 1960er-Jahren wurde die Kunst von Frauen nicht so ernst genommen wie die von Männern. Manchmal warfen sie uns einen Knochen hin. … Ich habe gehasst, was ich durchmachen musste, im Nachhinein war es hart, aber es hat mich unabhängig gemacht.«

Nach ihrem 50. Geburtstag blickt Louise Nevelson nicht mehr gern in den Spiegel. In ihrer Jugend hat sie sich stets auf ihr blendendes Äußeres verlassen können, doch wenn sie jetzt ein Bild von sich betrachtet, sieht sie eine alte Frau. Ihr Ausdruck ist erschöpft, ihr Gesicht verliert seine Konturen, ihr Haar ist dünn geworden und grau. Ein Eingriff mit dem Skalpell kommt nicht in Frage. Sie experimentiert mit kreativen Make-ups: ein Auge grün, ein Auge blau und der Mund orangerot. Zu sehr Picasso! In der Drogerie auf der 56th Street kauft sie sich künstliche Wimpern, die längsten und dichtesten, die sie je gesehen hat: Gänsedaunen, sieben Zentimeter lang, sie verleihen ihrem Gesicht einen dramatischen Look. Ohne sie fühlt sie sich fortan nackt. Sie trägt immer mindestens zwei bis drei Lagen übereinander, an manchen Tagen auch fünf oder sechs.

Erst 1958, mit fast 60 Jahren, erlebt Louise Nevelson ihren Durchbruch als Bildhauerin. In der Ausstellung

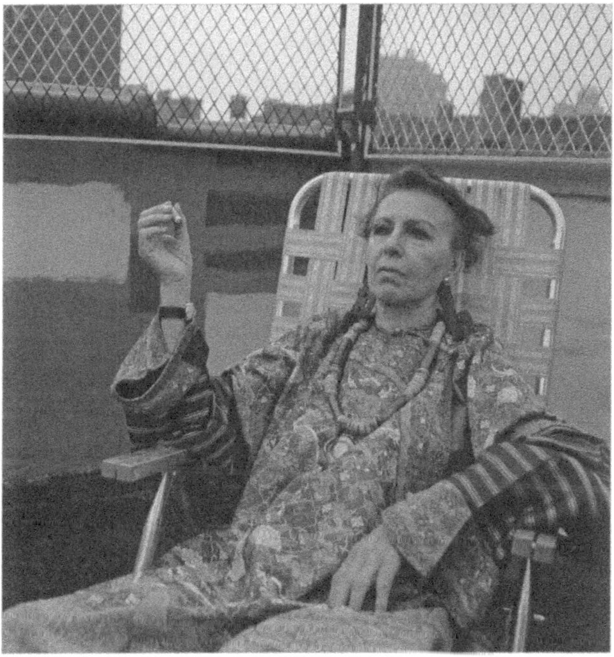

*»Wenn ich zurückblicke, sehe ich, dass ich immer wusste, was ich wollte, und ich fühlte, dass ich das Zeug dazu hatte.«*
*Louise Nevelson 1966*

*Moon Garden + One* in der prestigeträchtigen *Martha Jackson Gallery* präsentiert sie eine Arbeit, wie sie die Kunstwelt noch nie zuvor gesehen hat. 116 monumentale, schwarz gestrichene Holzskulpturen transformieren die Galerieräume in eine riesige, labyrinthische Holzinstallation, die die Besucher zugleich verstört und ihnen tiefe Ruhe vermittelt. Zum ersten Mal schreiben Kritiker enthusiastische Rezensionen über Nevelsons Arbeit, sogar das Fernsehen berichtet über sie. Martha Jackson bietet ihr einen festen Vertrag an. Ab jetzt überlässt Nevelson der Galerie ihre Arbeiten und bekommt im Gegenzug ein festes Gehalt. Endlich Aufträge und Anerkennung auf dem Kunstmarkt, endlich genug Geld für Material und andere Ausgaben. »In den 30 Jahren, in denen ich nichts verkauft habe, wusste ich immer, dass die Öffentlichkeit noch nicht reif für mich war. … Trotzdem habe ich nicht eine Minute in Frage gestellt, was ich tat.« Als Alfred Barr, der Direktor des *Museum of Modern Art*, endlich eine von Nevelsons Arbeiten ankauft und die Künstlerin fragt, wo sie denn die ganzen Jahre gewesen sei, entgegnet sie kühl: »Hier in New York bei der Arbeit – und wo zur Hölle waren Sie?«

Die Preise für ihre Werke steigen. 1962 wird sie als eine von vier amerikanischen Künstlern zur 31. Biennale nach Venedig eingeladen. 1964 und 1968 ist sie auf den documenta-Ausstellungen in Kassel vertreten. Nevelson eröffnet sich neue Themenfelder und Materialien. Die sechs Meter lange Installation *Hommage to 6 000 000* thematisiert den Holocaust. Sie arbeitet mit Glas, Spiegelglas, Aluminium und Cortenstahl. Museen stellen ihr ganze Räume zur Verfügung, Aufträge für große Skulpturen im öffentlichen Raum in Manhattan und Boston bringen Ruhm und Wohlstand.

Endlich hat Nevelson sich an der Spitze der Kunstwelt etabliert. In den USA gilt sie neben Isamo Noguchi und Alexander Calder als bedeutendste Bildhauerin. Zu ihrem 80. Geburtstag werden ihre Arbeiten in zahlreichen Ausstellungen gezeigt. Harvard verleiht ihr die Ehrendoktorwürde, sie erhält etliche Preise. In Manhattan wird ihr als erster lebender Künstlerin ein öffentlicher Platz, auf dem ihre eigenen Skulpturen stehen, gewidmet: die *Louise Nevelson Plaza.*

Die Bildhauerin wird zu einem Superstar der Kunst, zu »The Nevelson«, wie ihr Freund, der Dramatiker Edward Albee sie nennt: eine glamouröse öffentliche Figur, eine Diva, die sich als lebende Skulptur präsentiert, Zigarre rauchend, mit drei Lagen Wimpern, inzwischen aus Zobel, und ornamentaler, zeremonieller Garderobe. Mit ihren prachtvollen, raumgreifenden Looks bringt sie ihre Stellung in der Welt der Kunst zum Ausdruck. Zugleich kann Nevelson sich hinter den glänzenden Gewändern den Blicken entziehen und andere Menschen auf Distanz halten. Die Mode- und die Kunstwelt goutiert ihren exzentrischen Stil. Richard Avedon fotografiert sie für die amerikanische *Vogue.* Sie tritt in Talkshows auf, mit Jockeyhut über einem großen, im Nacken geknoteten Hermes-Kopftuch, im chinesischen Mandarin-Mantel aus dem 16. Jahrhundert, im Zeremonienmantel eines marokkanischen Stammesfürsten oder einem verschwenderischen Spektakel aus Goldlamé mit goldenen Schuhen und goldenem Turban. Ihr gefällt, was übertrieben und üppig ist, und sie findet, sie hat das perfekte Auge. Sie baut ihre Skulpturen zusammen, wie sie es will. Sie zieht an, was sie will, auch wenn einige Zeitgenossen ihren Stil als anachronistisch, maßlos und grotesk empfinden.

In einem Interview, inzwischen ist sie 86, konstatiert sie, kreativ zu sein, bedeute, keine Zeit zu haben, über das Alter nachzudenken. »Leben heißt weitergehen. Ich werde mich nie zur Ruhe setzen.« Die Frage, ob sie Angst vor dem Tod habe, verneint sie. Zur Hölle mit ihm.

Louise Nevelson stirbt am Morgen des 17. April 1988 an den Folgen einer Krebserkrankung, die erst wenige Monate zuvor diagnostiziert worden ist. Von allen Charakterisierungen ihrer Persönlichkeit ist wahrscheinlich keine angemessener als die Worte, die sie selbst 1981 in einem Interview findet: »Nichts hat mich erschüttern können. Ich glaube, niemand hätte mich in meiner Arbeit aufhalten können. Einmal habe ich für kurze Zeit aufgehört zu arbeiten, und ich bekam Abszesse und Beulen. … Wenn ich zurückblicke, sehe ich, dass ich immer wusste, was ich wollte, und ich fühlte, dass ich das Zeug dazu hatte. Ich habe die Arbeit, die ich gemacht habe, für mich getan. Warum? In erster Linie, um meinem Leben einen Sinn zu geben. Es ist die beste Art, die ich kenne, sein Leben zu leben. Wie hätte ich es sonst leben können? Ich bedaure kaum etwas. Ich bin zu beschäftigt dazu. … Ich gebe mir selbst 100 Punkte für die Art, wie ich mein Leben gelebt habe, die Entscheidungen, die ich getroffen habe, das, was dabei herausgekommen ist. Jeden Tag meines Lebens wollte ich mehr und mehr erblühen.«

# *Tamara de Lempicka*
# *Die Diva des Art Déco*

Niemand erkennt die elegante alte Dame, als im Juli 1972 ihre Retrospektive in der *Galerie du Luxembourg* in Paris eröffnet wird. Sie ist hochgewachsen, hat eine markante Nase und hält sich auffallend gerade. Ihr rotblondes Haar ist sorgfältig in Wellen gelegt, die Nägel sind tiefrot lackiert. Eine Zigarette mit der Schildpattspitze in den Händen haltend, untermalt sie ihre Sätze mit weit ausladenden Gesten; jede Regung ist auf präzisen Effekt angelegt. Ein schwarzer Abendmantel, dessen Kragen in eine weich fallende Kapuze mündet, gibt ihr eine Anmutung von Wohlsituiertheit. Wirklich spektakulär wird ihr Auftritt durch ihren kunstvollen Ohrschmuck: zwei große, goldene Medaillons an diamantbesetzten Clips mit je einem Rubin und Smaragd, 20 Karat.

Wie üblich hatte Tamara de Lempicka die Sommermonate zum Malen in Paris verbracht, in ihrem Atelier gearbeitet und im *Ritz* gewohnt. Seit einer Ewigkeit hatte sie kein Ausstellungsangebot mehr erhalten. Die Kunstwelt, so schien es, hatte sie vergessen. Dennoch hatte sie nie aufgehört zu malen, sondern ihre Arbeit fortgesetzt, allein und ohne jede Resonanz, aber mit großer Zuversicht. Und dann, eines Abends im Sommer 1969, erschien ein junger Mann in ihrem Studio.

Alain Blondel, Pariser Kunsthistoriker und

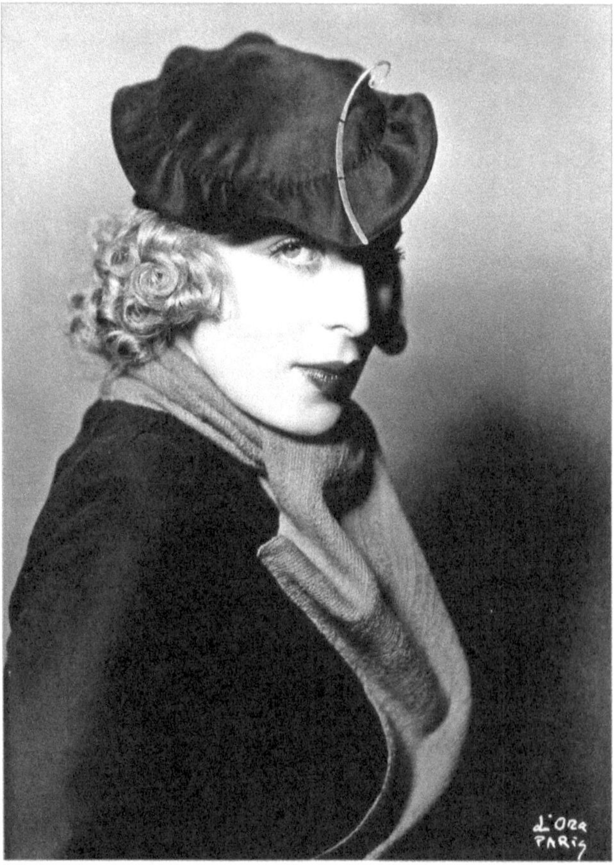


*Diva und Halbweltdame –*
*Tamara de Lempicka 1932*

Mitbesitzer einer Galerie, spezialisiert auf Art Déco und Art Nouveau, hatte durch Zufall in einem Buch aus dem Jahr 1929 einen Artikel über Tamara de Lempicka entdeckt und war begeistert von ihren Werken. Er fand ihre Nummer im Pariser Telefonbuch und meldete sich zu einem Besuch an. Von der Hausherrin in ihrem wallenden Gewand war er sogleich fasziniert. Blondel redete eine Stunde, bis sie ihm erlaubte, die vergessenen Porträts aus ihrer frühen Schaffensperiode zu sichten. Er kaufte sie und ließ sie sorgsam restaurieren. Drei Jahre nach seinem ersten Besuch werden Tamara de Lempickas Porträts aus der Dekade zwischen 1925 und 1935 in der *Galerie du Luxembourg* gezeigt. Die Ausstellung wird zum Kunstereignis des Jahres.

Daraufhin publiziert Franco Maria Ricci, der Verleger des exklusiven Kunstmagazins *FMR*, ein Buch mit Tamara de Lempickas Porträts der Pariser High Society der 1920er- und 1930er-Jahre. Es führt zu einem glänzenden Comeback der 73 Jahre alten Künstlerin und ist der Auftakt zur weltweiten Wertschätzung, die ihr in ihren späten Lebensjahren entgegengebracht wird. Ihre Arbeiten werden von Museen erworben und bei *Christie's* und *Sotheby's* für Millionen gehandelt. Madonna wird eine ihrer größten Sammlerinnen und kopiert Tamara de Lempickas Look im Video zu *Express Yourself*. Da war sie wieder, die Diva des Art Déco! Mit rotblondem Bob, roten Lippen, Perlenkette und Smoking.

Doch wer ist die Malerin mit dem schillernden Namen? Es ist ihr gelungen, die Spuren zu den Anfangsjahren ihres Lebens zu verschleiern, wobei sie nie vergaß, auf eine gewisse verwandtschaftliche Beziehung zur Familie des Zaren hinzuweisen. Alles, was man über die Herkunft der Künstlerin weiß, ist dies: Tamara Gurwik-Gorska, am 16. Mai 1898 in Warschau geboren als mittleres Kind einer Polin und eines russischen Anwalts, stammt aus einer Familie der Oberschicht. Durch den Besitz eines Bankhauses mit Filialen in Frankreich und in der Schweiz ist man in Europa gut vernetzt. Innerhalb der Familie herrschen matriarchalische Strukturen: Tamaras Mutter und deren drei Schwestern sind gebildete, selbstbewusste Frauen. Sie amüsieren sich im Frühjahr beim Einkaufen in Paris, verbringen den Sommer mit Kuren in Marienbad, frönen im Herbst dem Glücksspiel in Monte Carlo und genießen die festliche Wintersaison in St. Petersburg. Ehebruch gilt als »weiblicher Sport«. Den Alltag zu Hause regelt das Personal, für die Erziehung der Kinder sind Gouvernanten zuständig. Tamara gilt als willensstarkes Kind. 1907 darf sie ihre Großmutter Clementine Decler auf einer längeren Reise nach Italien und Frankreich begleiten.

Endlose, herrliche Monate folgen, mit Aufenthalten in Venedig, Florenz und Rom, mit Italienischstunden und einem ersten Einblick in die Welt der Kunst. Madame Decler und ihre Enkelin besuchen die Museen mit einem Zeichenlehrer, der den Damen die bedeutendsten europäischen Meisterwerke erläutert, ihre Staffeleien durch die Säle trägt und sie bei ihren Kopierarbeiten anleitet. Im Frühjahr reisen sie weiter an die Côte d'Azur und beziehen ihr Quartier in einem Luxushotel in Menton. Paris ist die letzte Station und der Höhepunkt der Reise. Die Decler'schen Damen absolvieren ihre Termine in den Ateliers der Couturiers. Paul Poiret wird auserkoren, Tamara für die Rückfahrt nach Warschau einzukleiden. Der eigenwillige Backfisch entscheidet sich für ein extravagantes, rotes Cape, einen voluminösen, schwarzen Rock, Stiefel mit Absätzen und einen wagenradgroßen Strohhut – die Reisegarderobe eines Mädchens, das Dame von Welt spielt. Tamara macht sich frei von Konventionen und setzt auf Stil, von Anfang an.

Das sepiafarbene Foto, nach Tamaras Rückkehr aufgenommen, zeigt ein pummeliges Mädchen mit rundem Kindergesicht und hüftlangem, dunklem Haar. Es posiert in einer hellen, wie von Feen gesponnenen Abendrobe vor dem Faltenwurf eines Brokatvorhangs, die Pose spricht von träger Eleganz. Auf Tamaras linker Schulter liegt das Ende einer Schleppe aus zarter, durchscheinender Spitze, in ihrem linken Arm ruht ein Blumenbukett. Wahrscheinlich wurde das Bild im Haus von Tamaras Tante Stefa aufgenommen, die am Newski-Prospekt in St. Petersburg eine prunkvolle Residenz bewohnte, eingerichtet von den besten Innenarchitekten Europas.

St. Petersburg ist ein Sammelbecken für die reiche russische Elite. Die Aristokraten, die Schönen und die Schillernden sonnen sich im Glanz von »Väterchen« Nikolaus II und seiner Familie. Mit etwa 15 Jahren debütiert Tamara Gurwik-Gorska auf einem Kostümball. Das Orchester hat eben den ersten Walzer zu spielen begonnen, als Tamara mit ihrer Tante den prachtvollen Festsaal betritt. Um unter all den Schönheiten in ihren prächtigen Tüll- und Spitzenwolken aufzufallen, verbirgt sie ihre rundlichen Formen unter der bunten Tracht eines Bauernmädchens und trägt eine Girlande aus Stiefmütterchen im Haar, ein Auftritt, der in dem prachtvollen Gepränge besonders exotisch wirkt. Überdies hat sie zwei Gänse im Schlepptau, die auf dem glatten Parkett des Saales ängstlich zu schnattern und zu flattern beginnen. Die Ballbesucher belohnen ihren Auftritt mit lautem Beifall. Tamaras Blick trifft die lachenden Augen eines jungen Mannes. Tadeusz Lempicki, Mittelpunkt der Petersburger *jeunesse dorée*, 22 Jahre alt, exquisite Manieren, makellos gekleidet. Tamara verliebt sich auf der Stelle in ihn und macht sich daran, ihn zu erobern. Der umschwärmte junge Mann geht darauf ein, eine Verbindung mit der vorwitzigen jungen Dame sichert ihm eine beachtliche Mitgift.

Ganz Petersburg feiert, als Tamara und Tadeusz Lempicki sich im Herbst 1916 in der Ritter von Malta-Kathedrale das Jawort geben. Das kapriziöse Brautkleid ist ein Statussymbol; der opulente Schleier – er reicht vom Altar bis zur Eingangstür der Kirche – verströmt aristokratische Exzentrik. An dem glanzvollen Fest nehmen Abgesandte des Zaren und ausländische Würdenträger teil. Das Paar bezieht eine Wohnung im Zentrum der Stadt und genießt sein unbeschwertes Leben. So ähnlich hätte es für die verwöhnte junge Frau weitergehen sollen, aber es kommt anders. Am 1. März 1913 muss der Zar abdanken. Ein Bürgerkrieg entbrennt, bei dem Tamara de Lempicka und ihre Familie schon durch ihre Herkunft auf der falschen Seite stehen. Tadeusz Lempicki ist einer der Ersten, der von der Geheimpolizei der Bolschewisten verhaftet wird. Der schwedische Konsul deutet an, dass er dem jungen Paar durch die Ausstellung schwedischer Pässe zur Flucht verhelfen könne – für einen ganz bestimmten Preis. Da es keine Alternative gibt, zahlt Tamara ihn.

Die Lempickis kommen im Sommer 1918 in Paris an, zwei weitere Flüchtlinge unter der Dreiviertelmillion Russen und Polen, die nach dem Ersten Weltkrieg als Exilanten in Paris gestrandet sind. Nach seiner Haftentlassung ist Lempicki nicht mehr derselbe. Aus dem selbstsicheren Beau mit juristischem Examen, hervorragenden Sprachkenntnissen und engen Verbindungen zum Hochadel ist ein orientierungsloser Mensch geworden, der – wie viele russische Emigranten – kaum in der Lage ist, mit dem gesellschaftlichen Abstieg umzugehen. Ehemalige Aristokraten müssen froh sein, wenn sie als Chauffeure oder Gärtner das Nötigste zum Leben verdienen können, ihre Frauen arbeiten im besten Fall als Stickerinnen oder Verkäuferinnen in Modeateliers; manche verdingen sich als Putzfrauen. Lempicki weigert sich beharrlich, eine in seinen Augen nicht standesgemäße Arbeit anzunehmen. Tag für Tag vertieft er sich in Kriminalromane und ertränkt seinen Weltschmerz im Alkohol. Tamara ist dagegen eine Frau der Tat. Nachdem sie ihre Tochter Marie Christine, Kosename Kizette, zur Welt gebracht hat, verkauft sie einen wertvollen Smaragdring und mietet von dem Erlös ein günstiges Zimmer in einer Pension. Mit der ihr eigenen Robustheit passt sie sich der neuen Lebenssituation im Exil an. In den schwierigen Lebensumständen sieht sie eine Herausforderung. Sie stürzt sich in die Arbeit.

1919 schreibt sie sich an der Académie de la Grande Chaumière im Fach Malerei ein und gilt schon bald als ehrgeizige und hochbegabte Studentin. Sie lebt nach einem strikten Zeitplan. Am Morgen, am Nachmittag und am Abend besucht sie die freien Kurse. Zwischen den Kursen eilt sie nach Hause und bereitet für ihren Mann und ihr Kind das Essen zu. An den Wochenenden sitzt sie im Louvre und kopiert die Gemälde der italienischen Meister der Renaissance. Zusätzlich zu ihrem Studium nimmt sie Unterricht bei renommierten Lehrern wie dem Maler André Lhote, der ihr Mentor wird.

Nachdem Tamaras Mann auf ihr Drängen hin widerstrebend eine Stellung in einer Bank angenommen hat, können die Lempickis Ende des Jahres 1920 das Leben in der billigen Pension endlich hinter sich lassen. Die Malerin findet eine Dreizimmerwohnung in der Rue Guy de Maupassant Nr. 5 im Künstlerviertel Montparnasse. Für sie beginnt ein neuer Lebensabschnitt: Sie hat jetzt eine eigene Wohnung, die sie auch als Atelier nutzen kann.

Tamara de Lempicka hat in der Pariser Kunstszene von Anfang an eine Sonderstellung. Sie ist Künstlerin und zugleich eine durchsetzungsstarke Geschäftsfrau, die ihren Erfolg strategisch steuert. Durch ihre Sicherheit auf dem gesellschaftlichen Parkett und fließende Konversation in fünf Sprachen erwirbt sie das Vertrauen solventer Auftraggeber. Von Anfang an verlangt sie für ihre Arbeiten horrende Honorare, die sie gegenüber ihren Käufern – sie verhandelt fast ausschließlich mit Männern – charmant zu begründen weiß. Ihre erste große Ausstellung findet 1925 in einer Mailänder Galerie statt. Immer wieder wird sie nun eingeladen, die Mitglieder der Hautevolee zu porträtieren. So werden ihre Werke umgehend von der Kritik wahrgenommen.

Auf diese Art verdient Tamara de Lempicka innerhalb weniger Jahre ein Vermögen.

Zu Beginn ihrer Karriere beschenkt sie sich nach jedem zweiten verkauften Bild mit einem juwelenbesetzten Armband, so lange, bis die kostbaren Schmuckstücke ihr vom Handgelenk bis zur Schulter reichen. Der wertvolle Schmuck, den sie anfangs immer bei sich trägt, gibt der Emigrantin das Gefühl, stets für eine weitere Flucht gewappnet zu sein. Die Zukunft wird zeigen, dass sie gut daran tut. Was ihr von vielen Zeitgenossen als Prunksucht ausgelegt wird, offenbart die Wunden einer heimatlos gewordenen Frau, die trotz ihres Erfolgs innerlich entwurzelt bleibt.

Ein Foto zeigt die Malerin in ihrer exklusiven Atelierwohnung des Stadthauses in der Rue Méchain 7 im Montparnasse, erbaut vom französischen Stararchitekten Robert Mallet-Stevens. Sie steht vor einer Staffelei, und es scheint, als arbeite sie an einem Porträt. In ihrem schulterfreien Abendkleid aus schwerer Seide mit kunstvoll drapiertem Rock, einem raumgreifenden, gebauschten, mehrlagigen Stoffgebilde, das in Kaskaden bis zum Boden fällt, inszeniert sie sich als Malerfürstin. Nach dem Vorbild der Renaissancemaler reklamiert de Lempicka für sich das Recht, ihren Wohlstand zur Schau zu stellen, ohne dass ihre Kompetenz als Künstlerin in Frage gestellt wird. Doch die wenigsten zeitgenössischen Betrachter verstehen die Anspielung auf dem Foto, wodurch Tamara unfreiwillig ihr Image als nicht ernst zu nehmende Salonmalerin verfestigt.

Doch Tamara de Lempicka meint es ernst: An erster Stelle steht für sie die Malerei, danach kommt lange nichts – und dann erst ihre Tochter. Die Künstlerin erlaubt sich, ihre Mutterschaft nicht nach traditionellen Rollenbildern, sondern nach ihrem eigenen Bedürfnis auszurichten.

Das Paris der wilden Zwanzigerjahre zwischen den beiden Weltkriegen ist eine Epoche des ausschweifenden Lebens. Man feiert und tanzt, um die Schrecken des Krieges zu vergessen, und die flamboyante Malerin, über die in der Pariser Gesellschaft immer häufiger legendäre Geschichten kursieren, tanzt mit. De Lempicka ist Dame und Halbweltdame und führt ein Leben zwischen Hautevolee und Subkultur. Im Abendkleid und mit Diadem im Haar macht sie Eindruck beim Besuch der Oper und beim Diner im *Maxim's* oder im *Ritz*. In zwielichtigen Bars und Spelunken am Ufer der Seine vergnügt sie sich mit jungen Männern. Unter dem Volk in den Cabarets und Clubs fällt sie auf: eine große Frau mit rotblondem Bob, roten Lippen, Perlenkette und im Smoking, die keinen Hehl aus ihrer Bisexualität und ihrem Bedürfnis nach zweierlei Drogen macht: Kokain und Sex mit Fremden.

Tadeusz Lempicki, ihres rastlosen Treibens überdrüssig, verlässt sie 1927 und geht zurück nach Polen. Seine Tochter bleibt bei Tamara in Paris.

Lempickas Lebensstil wirkt sich auf die Rezeption ihrer Kunst zunehmend kontraproduktiv aus. Ihre Wahrnehmung in den Skandalblättern beginnt zu überdecken, dass sie inzwischen zu den technisch brillantesten Malerinnen ihrer Generation zählt. Als ihr unangefochtenes Meisterwerk gilt das idealisierte Selbstbildnis *Tamara im grünen Bugatti*, auch unter dem Namen

*Autoporträt* bekannt, das zum perfekten Spiegelbild einer Epoche wird. Unter schweren Lidern sieht sie auf den Betrachter herab. Ihre Haut ist faltenlos, sie schimmert metallisch. Ihre Kappe mit Kinnriemen und ihr Cape mit seinem üppig gebauschten Kragen sind farblich auf das Cabriolet abgestimmt. Ihre linke Hand steckt in einem hellbraunen Lederhandschuh, sie ruht auf dem Steuerrad des Autos, ein Bugatti in der Farbe *English Racing Green.* Der Beifahrersitz auf dem Bild ist leer. Die Botschaft ist klar: Moderne Frauen brauchen keine Männer mehr.

Baron Raoul Kuffner ist einer der ersten Sammler, der Tamara de Lempickas Werke ankauft. Der ungarische Milliardär ist einer der größten Landbesitzer in Österreich-Ungarn, ein Kavalier der alten Schule mit Monokel, Moustache und Schweizer Pass. Er tritt mit der Bitte an Tamara heran, ein Porträt seiner Mätresse, der andalusischen Tänzerin Nana de Herrera, anzufertigen. Das Bild wird zu einer künstlerischen Hinrichtung. Es zeigt die entblößte Tänzerin als kantiges Monster mit verbogenen Gliedmaßen, wurstigen Armen und muskelbepackten Knien. Kurze Zeit nach der Fertigstellung des Bildes verlässt Kuffner Nana de Herrera. Seine neue Geliebte ist Tamara de Lempicka. Ein Jahr, nachdem seine Frau verstorben ist, macht er die Malerin am 3. Februar 1934 in Zürich zur neuen Baronin Kuffner.

Vor der Eheschließung haben sich die Partner darüber verständigt, dass sie keine Liebesbeziehung im klassischen Sinne anstreben. Hier geht es nicht um Emotionen, sondern um ein Arrangement zweier abgeklärter

Menschen, die einen Pakt miteinander schließen. Die Verbindung zu »Rollie«, wie Tamara ihren zweiten Mann wegen seines stattlichen Gewichts nennt, basiert auf einer langjährigen Freundschaft. Die Ehe sichert Tamara und ihre Tochter dauerhaft ab, verheißt Schutz in den sich anbahnenden unruhigen Zeiten, verleiht ihr den schmucken Titel einer Baronin und befördert sie an die Spitze der Gesellschaft.

Doch mit der Machtübernahme der Nationalsozialisten in Deutschland holen die tiefgreifenden politischen Umwälzungen de Lempicka ein. Raoul Kuffner ist jüdischer Abstammung. Paris verlassen zu müssen, wo sie sich gerade als Künstlerin etabliert hat, trifft Tamara de Lempicka hart. Es bedeutet den zweiten Heimatverlust und einen erzwungenen Neubeginn in einem ihr fremden Land innerhalb von 20 Jahren. Tamara meldet ihre Tochter in einem Internat in Südengland an, wo sie sie in Sicherheit wähnt. Weitsichtig hat der Baron schon seit längerer Zeit die Emigration vorbereitet, Teile seiner Güter verkauft und Vermögen und Kunstsammlungen in die Schweiz und die USA transferiert. Im Februar 1939 geht das Paar in New York an Land und reist weiter nach Los Angeles. Die Einwanderungspapiere klassifizieren sie dank Kuffners Reputation als bevorzugte Emigranten.

»Baron und Baronin Kuffner«, heißt es im *Los Angeles Examiner*, »sind mit einer Maschine der United Airlines von New York nach Kalifornien gereist. Die begüterten Neuzuzügler mieten eine große, weiße Villa mit Blick auf den Pazifik in den Hügeln von Santa Monica. Sie hat Platz für 400 Gäste.« De Lempicka engagiert einen Presseagenten. Bald darauf erscheint eine Pressemitteilung mit einem Foto, das sie in einer theatralischen Pose zeigt. Sie steht schräg zur Kamera in einem schwarzen Kleid mit V-Ausschnitt und einem schwarzen Hut mit Schleier, der ihr Gesicht zugleich schützt und betont. Perlenohrringe, eine dreifach um den Hals geschlungene Perlenkette sowie eine mit Diamanten besetzte Brosche sollen signalisieren, dass die Trägerin zum Establishment der Alten Welt gehört. Ihre rechte Hand wendet sich in einer manierierten Pose zur linken Seite ihres Halses und rückt einen breiten, über und über mit Diamanten besetzten Armreifen und zwei auffällige Ringe an ihrem Ringfinger ins Blickfeld des Betrachters. Tamara de Lempicka weiß ihre Kleidung und Accessoires als Medium der Manipulation einzusetzen.

Ihre europäische Herkunft, ihr Adelsprädikat und ihr starker Akzent verleihen den Kuffners ein exotisches Flair. Schon bald erscheint auf ihren Abendgesellschaften in ihrer Residenz in den Hügeln von Santa Monica eine bunte Gästeschar, unter ihnen Vicky Baum, Greta Garbo, Charles Boyer, Tyrone Power, Gloria Vanderbilt, Lord Rothschild und Artur Rubinstein. Doch die Reaktion der oberen Zehntausend von Los Angeles und Pasadena auf Tamaras Porträts und Blumen-Stillleben in altmeisterlicher Technik ist ernüchternd. Sie gelten auf dem amerikanischen Kunstmarkt als altmodisch. Abstraktion ist angesagt. In dem Versuch, Anschluss an die künstlerische Avantgarde der Ostküste zu finden, experimentiert die Malerin mit neuen Techniken, und der New Yorker Galerist Julien Levy erklärt sich bereit, im April 1941 eine Ausstellung für sie auszurichten. Eigentlich ist er auf surrealistische und expressionistische Kunst spezialisiert, doch da er sich in Geldnot befindet und Kuffner die Ausstellung finanziert, lässt er sich auf das Geschäft ein.

Als Tamara de Lempicka an der Grand Central Station aus dem Zug steigt, »schmuckbehangen und eine stattliche schweinslederne Reisetasche, aus der Haut eines ausgewachsenen Ebers gefertigt, um die Schultern«, stehen Fotografen und Boulevardjournalisten bereit. Deren Kollegen aus dem Feuilleton sind weniger begeistert. Ein Rezensent beurteilt die Arbeiten als »très Hollywood«. Der Kunstzirkel weiß um die finanziellen Nöte des Galeristen, und es verbreitet sich unbarmherzig das Gerücht, der wohlhabende Ehemann der Malerin habe ihr die Ausstellung erkauft. Damit ist de Lempickas Ruf als Künstlerin in den USA zerstört. Ab diesem Zeitpunkt gilt sie als die Baronin, die früher einmal Malerin war. Doch trotz fehlender Resonanz gibt sie die Malerei nicht auf.

Raoul Kuffner ist der Glitzerwelt Hollywoods schon bald überdrüssig, die Kuffners kaufen ein luxuriöses Appartment in der 57th Street auf der Upper East Side in Manhattan mit Blick auf den East River und zweigeschossigem Atelier.

Kleidung wird nun noch mehr als zuvor zum Ausdruck von de Lempickas Identität und hilft ihr, sich als Mitglied der Upper Class darzustellen. In ihrem cremefarbenen Chrysler Cabriolet mit weinroter Innenausstattung repräsentiert sie Status und Prestige. Sie und ihr Chauffeur sind zum Auto passend farblich gekleidet. Sogar ihr Gepäck passt sie dem Farbton des Lacks an.

Nach dem Krieg leben die Kuffners jeweils für zwei Monate an mondänen Orten wie Lugano, Capri oder Venedig. Tamaras Kleider, Hüte, selbst ihre Handschuhe

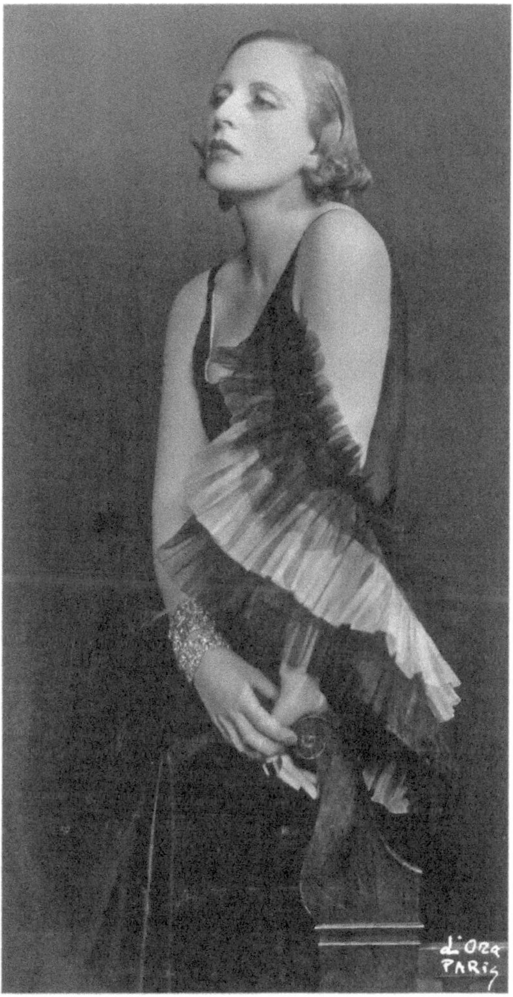


*»Erst bewundern sie dich, später bewundern sie nur noch deine Kleidung.«*

sind maßgefertigt, und Anproben sind ein wichtiger Bestandteil ihres Lebens. Shopping in Paris ist für sie eine veritable Wallfahrt.

Am 3. November 1962 erleidet Raoul Kuffner während einer Atlantiküberquerung an Bord der *Liberté* plötzlich einen tödlichen Herzinfarkt. Die Künstlerin verliert nach 30 Ehejahren den Mann, der sie und ihre Arbeit stets bewundert hat und der zum Anker in ihrem Leben geworden ist.

Zehn Jahre nach Kuffners Tod beendet Tamara de Lempicka 1972 ihr Nomadendasein und lässt sich in Cuernavaca, der »Stadt des ewigen Frühlings« im mexikanischen Hochland, nieder. Sie gilt als abgelegen und verschwiegen – ideale Voraussetzungen, um sie zu einem beliebten Rückzugsort illustrer Menschen zu machen, darunter Kaiser Haile Selassie, Gary Cooper, Rita Hayworth, Brigitte Bardot und Audrey Hepburn. Tamara erwirbt eine Residenz namens *Tres Bambus* samt Garten mit alten Jacarandabäumen, Jasminbüschen und Frangipani. Die inzwischen über 80-Jährige ist eine Dame mit schroffer Grandezza. Die Asche ihrer Zigaretten lässt sie fallen, wo sie geht und steht. Die Einschränkungen des Alters empfindet sie als ein fortschreitendes, grausames Leiden. Als eine Frau, die sich ein Leben lang als Inkarnation von Weiblichkeit inszeniert und mit ihrer erotischen Ausstrahlung kokettiert hat, trifft sie der Verlust ihrer Attraktivität hart. Die Diva, die stets alle Blicke auf sich gezogen hat, ist mit Schmuck behangen wie ein Christbaum – eine Frau mit fahler, welker Haut in Folge ihres jahrelangen Zigarettenkonsums.

Bis an ihr Lebensende bleiben Ästhetik, Luxus und persönliche Freiheit für Tamara de Lempicka ein Lebensmodell. Nie sieht man sie ungeschminkt, ohne Schmuck oder Kopfbedeckung. Ihre Kleideretikette signalisiert, dass sie auch im Alter ein Freigeist geblieben ist und nur ihren eigenen Regeln folgt. Sie trägt weich fallende und bequem geschnittene Kaftane aus ungewöhnlich gemusterten Stoffen, die sie auf mexikanischen Märkten einkauft, ärmellos und bodenlang, und dazu die jeweils passenden übergroßen Berets. Die Schnitte hat sie selbst entwickelt. Mexikanische Schneiderinnen fertigen an die hundert Modelle in leuchtenden Farben für sie an. Kleidung ist ihr jetzt vielleicht noch wichtiger als früher. »Erst bewundern sie dich, später bewundern sie nur noch deine Kleidung. Also sollte man darauf achten, wenigstens gut gekleidet zu sein, wenn man älter wird.«

Zum konsequenten Ausdruck ihres Strebens nach Unabhängigkeit gehört, dass sie auch im hohen Alter nicht dem Klischee der liebevollen Mutter und Großmutter entspricht. Ihr wichtigster Vertrauter wird ein fast 40 Jahre jüngerer, attraktiver mexikanischer Bildhauer. Victor Contreras verehrt die legendäre alte Dame – so sagen die einen. Andere meinen, in ihm einen Erbschleicher zu erkennen, der es darauf abgesehen hat, das Vertrauen der betagten Freundin zu erlangen. De Lempicka und Contreras telefonieren fast täglich miteinander. Sie besuchen sich in ihren Ateliers und tauschen sich über ihre Arbeit aus. Noch immer arbeitet die Malerin jeden Tag an der Staffelei. Noch immer steht sie mitten in der Nacht auf, wenn ihr einfällt, wo sie einen bestimmten Pinselstrich setzen muss. Die Inspiration, die Ideen, die

Begeisterung für das, was sie tut, bleiben ihr bis zum Lebensende erhalten.

Tamara de Lempicka stirbt am 18. März 1980. Sie hat genaue Verfügungen für alles getroffen, was nach ihrem Ableben geschehen soll, denn ihr Tod soll ihr allein gehören. Ihr gesamtes Vermögen vermacht sie Contreras. Zudem überträgt sie ihm die Rechte an ihren Werken, die Erlöse sollen zur Hälfte an Kizette gehen. Ihre Haute Couture-Garderobe, darunter Abendkleider, Pelze, Kostüme und Hüte aus den vergangenen fast 60 Jahren, hat sie bereits dem Musée de Costume in Paris gestiftet. Ihr Leichnam wird eingeäschert, die Asche von Victor Contreras und Kizette de Lempicka-Foxhall aus einem Helikopter über dem Popocatepetl verstreut – einem Vulkan, der bis heute nicht zur Ruhe gekommen ist.

## *Sophie Taeuber-Arp*
## *Souveränität vom Scheitel bis zur Sohle*

Kleidung ist eine Sprache, die etwas darüber erzählen kann, wer Menschen sind oder wer sie sein wollen. Wer war Sophie Taeuber-Arp, wer wollte sie sein? Betrachtet man Fotos der Künstlerin, fällt ihre zurückhaltende Erscheinung auf. Sie trug maßgearbeitete Garderobe, nicht selten war sie von ihr selbst gefertigt, jedes Detail wohlüberlegt, die Stoffe waren perfekt ausgesucht und kombiniert. Die Präzision ihres Kleidungsstils reflektiert eine Mischung aus praktischem Denken, Sinn für Schönheit, Perfektion und exzellenter Handwerkskunst. Mit ihrer schlichten Eleganz wurde die Künstlerin zur Rebellin innerhalb der Avantgarde. Provokative Selbstinszenierungen waren Sophie Taeuber-Arp fremd. Ihre Distinktion bestand darin, augenfällig nicht ins Auge zu fallen.

Sophie Taeuber-Arp ist ein Mädchen aus den Bergen. Alle Kinder der Taeubers werden im Schweizer Bergkurort Davos geboren. Am 19. Januar 1889 kommt das Nesthäkchen zur Welt. Der Vater stammt aus Westpreußen. Wegen eines Lungenleidens ist er nach Davos gezogen und hat dort eine Apotheke eröffnet. Zwei Jahre nach Sophies Geburt stirbt er an Tuberkulose. Sophies tatkräftige Mutter, die nun allein drei kleine Kinder durchbringen muss, zieht zurück in ihre Heimat, das Appenzeller Land. In Trogen, einem Ort oberhalb von

St. Gallen, lebt ihre große Familie, einflussreiche Unternehmer in der Textilindustrie. Sie lässt sich ein großzügiges Bergchalet, ganz aus Holz, mit vielen Erkern und Giebeln errichten. So oft es geht, wandert sie mit ihren Kindern. Früh erkennt sie die Begabung ihrer jüngeren Tochter und ermutigt sie, Künstlerin zu werden.

Sophie sammelt Blumen, presst sie und klebt sie sorgfältig in ein Buch. Gibt ihr jemand ein Stück Stoff, etwas Garn und eine Nadel in die Hand, beschäftigt sie sich selbstvergessen für viele Stunden damit. Sie zeichnet ihre Träume mit Bleistift auf einen Notizblock. Sie bekommt einen Aquarellkasten geschenkt und malt bedächtig geometrische Formen. Immerzu Rechtecke und Kreise in schönen leuchtenden Farben. Zuckersüß ist sie als Kind, ein Mädchen mit blonden Locken, ausgelassenem Lachen und schönen, von der Mutter selbst genähten Kleidern mit weißen Kragen und bestickten Schürzen. Beim Wandern trägt sie dazu einen kreisrunden Strohhut.

Sophie Taeuber ruht in sich, obwohl sie auch ihre Mutter früh verliert. Schon mit 19 Jahren wird sie Vollwaise. Ihre Geschwister und sie werden ein Leben lang eng zusammenhalten.

Die Debschitz-Schule in München ist eine der wenigen Akademien, an denen Frauen in Deutschland zu Beginn des 20. Jahrhunderts Kunst studieren können. Es gibt Werkstätten für Malerei, Keramik, Metall, Holz, Fotografie, Textil und Innenarchitektur. Kunstgeschichte steht ebenso auf dem Lehrplan wie Tennisstunden, Wanderungen mit der Staffelei durch die Berge und Schwimm- und Segelkurse am Starnberger See. Sophie

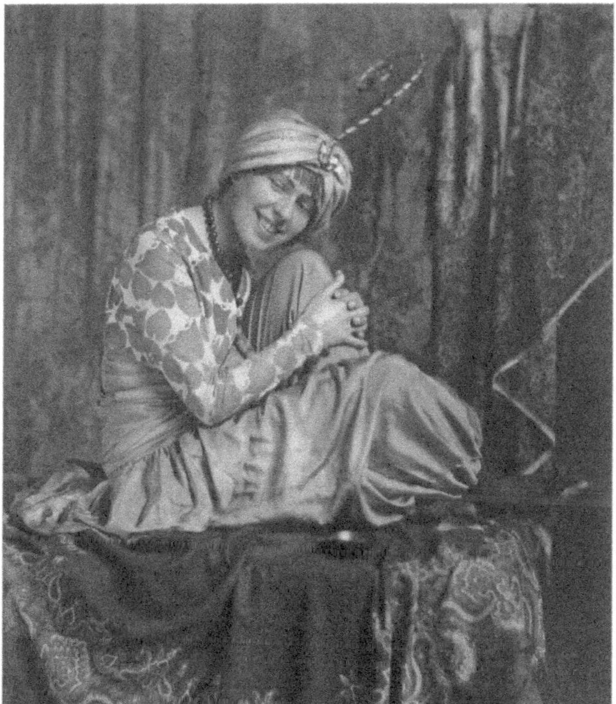

*Sophie Taeuber-Arp 1914*
*kostümiert als Haremsdame*

Taeuber absolviert von 1910 bis 1914 ein Studium für textile Gestaltung und erhält eine vielseitige, auch praktische Ausbildung.

Abends geht sie ihrem neuen Hobby nach: Sie nimmt Tanzunterricht im Studio des Choreografen Rudolf von Laban, einem Vorreiter des modernen Ausdruckstanzes. Tanz bleibt zeitlebens ihre große Passion, und sie entwickelt über die Jahre einen ganz eigenen Stil.

Zu den regelmäßigen Veranstaltungen an der Debschitz-Schule gehören Künstlerfeste, auch Maskenbälle. Die Schüler fertigen ihre Verkleidungen selbst an, und auch die Studentin aus Appenzell steckt jede Menge Arbeit in ihre Kostüme. Auf einem Foto posiert sie als Haremsdame aus dem Morgenland. Ihr Serail ist eine Kissenlandschaft, aus der sie mit einem voluminösen Schmuckturban mit Pfauenfeder und einer vor Seidigkeit knisternden Pluderhose mit opulentem Kummerbund herausleuchtet. Ihrer Schwester schreibt sie aus München: »… ich merke endlich, dass ich freier und selbstständiger werde.«

Im Sommer 1914 schließt Sophie ihr Studium mit Bestnoten ab und erhält ihr Diplom, das sie auch zum Unterrichten qualifiziert. Sie zieht nach Zürich, wo sich nach dem Ausbruch des Ersten Weltkrieges Künstler aus ganz Europa als Emigranten und Deserteure auf der Flucht vor dem Schlachten in den Schützengräben versammeln. Eine internationale Zufallsgemeinschaft, die die Stadt an der Limmat vorübergehend zum Treffpunkt der künstlerischen Avantgarde macht. Taeuber mietet ein Atelier in der Magnolienstraße 6 und entwirft textile Objekte, wie sie die feinen Zürcher Damen so noch nicht gesehen haben. Die junge Frau bekommt die Möglichkeit, ihre Arbeiten in einem alteingesessenen Kunstgewerbegeschäft zu vertreiben. Ihre gewebten Teppiche, Wandbehänge, Kissenbezüge, Kaffeewärmer und die feinen Accessoires sind mit strengen, geometrischen Formen versehen. Besonders begehrt sind ihre Pompadours – kleine Beutel mit einem Zugband, das zugleich als Henkel dient, auf die sie unzählige kleine Glasperlen in leuchtenden Farben stickt.

Das Jahr 1916 wird für Sophie Taeuber zu einem Wendepunkt. Ihre Ausstellung im Zürcher Kunstgewerbemuseum ist für sie ein großer Erfolg, zwölf Arbeiten werden verkauft und das Museum erwirbt sogar eine ihrer Kissenhüllen. Stolz notiert ihre Schwester in ihr Tagebuch: »Textilausstellung. Sophies Sachen zählen zu den kultiviertesten und interessantesten. Augusto Giacometti stand mit Interesse davor und äusserte sich sehr anerkennend.« Alfred Altherr, der Direktor der Zürcher Kunstgewerbeschule, bietet Sophie Taeuber die Stelle der Leiterin der Textilklasse an. Mit 27 Jahren wird sie Lehrerin mit einem eigenen, sicheren Einkommen. Sie ist unabhängig und frei. Ihre Röcke sind längst kürzer geworden, so wie die Frauen in Paris und Berlin sie jetzt tragen, und sie lässt sich einen modischen Bubikopf schneiden. Selten verlässt sie das Haus ohne einen ihrer kleinen Hüte. Einer sitzt wie ein Matrosenkäppchen frech auf ihrem Hinterkopf und gibt ihr einen androgynen Charakter, ein anderer hat eine Glockenform und wird tief ins Gesicht gezogen. Rund 50 Jahre später wird die Künstlerin in ihrem Heimatland besonders geehrt: 20 Jahre lang ziert sie mit einem kecken, kleinen Hut auf dem Kopf den 50-Franken-Schein.

Als Lehrerin wird von ihr erwartet, dass sie sich an die Dresscodes ihres Berufes und ihres sozialen Milieus hält. Sophie Taeuber-Arp pendelt raffiniert zwischen gesellschaftlichen Normen und ihrem Anspruch, sich durch Kleidung individuell und kreativ auszudrücken. Schülerinnen berichten, dass Fräulein Professor Taeuber stets elegant gekleidet war und nie »etwas schon Dagewesenes« trug. Die meisten Teile fertigt sie selbst an, vor allem die erlesenen »Accessoires, Schals, Taschen und Schmuck mit heraldischen Motiven oder indianischen Stickereien versehen.«

Sophie Taeuber ist eine resolute Lehrerin, die mit viel Elan den Unterricht reformiert. Statt nach herkömmlicher Art Blümchenmuster zu sticken, regt sie ihre Schülerinnen nachdrücklich dazu an, aktuellere Ausdrucksformen zu wählen und wie in der Malerei frei mit Farben und Formen zu experimentieren. Sie fordert die jungen Mädchen auf, hart zu arbeiten, ihren Horizont zu erweitern, zu lesen, sich für fremde Kulturen zu öffnen und kulturelle Angebote wahrzunehmen: »Nur wenn wir uns in uns selbst vertiefen und versuchen, ganz wahr zu sein, wird es uns gelingen, Dinge von Wert, lebendige Dinge hervorzubringen und so mit daran zu arbeiten, einen neuen, uns entsprechenden Stil zu bilden.«

Im November 1915 schlendert Sophie Taeuber durch Zürich und sieht sich in der Galerie Tanner eine Ausstellung an. Ihr Titel hat sie neugierig gemacht: *Moderne Wandteppiche, Stickereien, Malereien, Zeichnungen.* Die textilen Arbeiten sprechen sie besonders an. Die darin eingewebten kurvigen und geraden Linien ähneln ihren eigenen Werken, nur sind sie viel experimentierfreudiger. Rechts unten auf dem Schild sieht sie den Namen des Künstlers: Hans Arp. Ein männlicher Künstler, der webt? Die Arbeiten lassen ihr keine Ruhe. Erneut besucht sie die Galerie, am Arm einen ihrer exquisiten Pompadours. Da steht der Künstler zufällig vor ihr. Ein schlanker Mann mit einem fein geschnittenen Gesicht, die kurzen Haare an der Stirn zu einem Dreieck ausrasiert.

Es sieht noch nicht danach aus, dass ein Paar fürs Leben aus ihnen wird. Denn ihre Lebenslinien haben, äußerlich betrachtet, nicht allzu viele Berührungspunkte: Sie ist 26, er drei Jahre älter: das tüchtige, dezente Schweizer Fräulein aus den Bergen und der amüsante, extravagante Hans Arp aus Straßburg, der es schätzt, sich nicht festlegen zu müssen. Ein Frauenliebling, ein guter Tänzer, stets mit Anzug, Krawatte, Schlägermütze und einem dünnen Stöckchen mit Perlmuttgriff, das als letzter Schrei gilt. Sie gehen ins *Café Terrasse*, sie walzern beim *Thé dansant*. Sie zeigt ihm ihre Entwürfe, darunter den 1913 gefertigten Anzug aus buntem Patchwork. Ein provokantes Teil für spezielle Männer, Männer wie ihn.

Schnell bemerkt Arp, dass die zuverlässige Sophie ihm nützlich sein kann. Er entwirft große, arbeitsintensive Wandteppiche, hat jedoch nicht die Geduld, sie auszuführen. Sie dagegen besitzt die handwerklichen Fähigkeiten, und sie bringt zu Ende, was sie einmal angefangen hat. Nebenbei, das ist in diesem Fall nicht unerheblich, verfolgt sie zielstrebig ihre Karriere und hat ein gesichertes Einkommen. Arp kann nicht mit Geld umgehen. Wenn er welches hat, gibt er es aus. Er ist anspruchsvoll, vor allem in seiner Kleidung. Auch ist er noch schwer verliebt in eine andere, die Malerin Hilla von Rebay in Berlin. Sollte Sophie Taeuber eifersüchtig sein, so zeigt sie es nicht. Er wird schon merken, was er an ihr hat. Die ehrgeizige Baronesse hat ohnehin andere Ziele: 1927 wandert sie in die USA aus. In New York gewinnt sie das Vertrauen des Industriellen Solomon Guggenheim und kuratiert in seinem Auftrag eine Kunstsammlung, die ihn zu einem berühmten Mann machen wird.

Zwei Jahre später ist es dann so weit: Sophie Taeuber und der Luftikus Arp werden ein Paar. So richtig binden möchte er sich noch nicht, aber sie hat Geduld. Fünf Jahre später will er plötzlich heiraten. Nach langem Nachdenken willigt sie ein. Am 22. Oktober 1922 findet die Hochzeit in Pura oberhalb des Luganer Sees statt. Nur sie, der Standesbeamte und zwei Weinbauern aus dem Dorf als Trauzeugen. Auch mit der Wahl der Hochzeitskleidung durchbricht das Brautpaar die Konventionen. Sophie Taeuber trägt ein dunkelblaues Kleid, schlicht und leise, erstklassige Qualität, dazu einen passenden kleinen Hut und einen ihrer perlenbestickten Pompadours.

Sie nimmt den Doppelnamen Taeuber-Arp und die deutsche Staatsangehörigkeit ihres Mannes an. Er ist ein Träumer, nicht besonders lebenstüchtig. Schnell landet sie in der undankbaren Rolle, für alles zuständig zu sein. Zurück in Zürich erhöht sie ihr Stundendeputat, um das gemeinsame Leben finanziell abzusichern.

Es ist davon auszugehen, dass Sophie Taeuber-Arp sich in dem Konflikt sieht, als Ehefrau eines aufstrebenden Künstlers die eigenen Ambitionen aufzugeben.

Doch sie zählt zu den wenigen Frauen, die das Kunststück fertigbringen, die konventionelle Rolle der Ehefrau zu erfüllen, einem anspruchsvollen Beruf nachzugehen und gleichzeitig die eigene künstlerische Karriere erfolgreich zu verfolgen. Ihre Freundin Claire Goll beschreibt die Konstellation so: »Sie machte keinen Unterschied zwischen Geschirrspülen und Dichten, Sticken und Schuheputzen. Jede Tätigkeit verdiente gleich viel Aufmerksamkeit und Hingabe. Diese vollendete Anpassung an den Augenblick befähigte sie, nachts exzentrische Tänze vorzuführen und am Tage sehr ernsthaft ihr Lehramt zu versehen. Ihr machte es nicht die geringste Mühe, die Rolle der Hausfrau mit der einer avantgardistischen Künstlerin in Einklang zu bringen. Sie und Hans Arp waren ein Paar von erlesener und heiterer Harmonie.«

»Heute Abend Tanz von Sophie Taeuber« steht auf der Tafel vor dem *Café Voltaire* in der Zürcher Spiegelgasse. Es ist der Treffpunkt der Künstler und Dadaisten. Provokativ und erfinderisch rechnet die neue Kunst- und Protestbewegung unter dem Eindruck des Ersten Weltkrieges, seiner verheerenden Giftgaseinsätze und Materialschlachten mit den verlogenen Idealen der Gesellschaft ab. Hans Arp hatte neben Tristan Tzara und Hugo Ball am 5. Februar 1916 zu den Mitbegründern gehört.

Jeden Abend wird das *Café Voltaire* zu einem offenen Salon mit anarchischen Zügen, aber sehr ernsthaftem Anliegen. Eine Tänzerin betritt die Bühne. Sie trägt einen spitzen Hut aus Pappe, ihre Hände und Arme stecken in schlauchartigen Pappröhren. Es wird still. Mit entrückten und graziösen Bewegungen tanzt Sophie Taeuber-Arp scharf zergliederte Bewegungsfiguren. Das Publikum applaudiert begeistert.

Bald darauf jedoch verbietet Alfred Altherr, der Leiter der Kunstgewerbeschule, seiner Lehrkraft die weitere Teilnahme an öffentlichen dadaistischen Veranstaltungen. Der gute Ruf der Schule müsse gewahrt werden. In Zukunft muss Sophie Taeuber-Arp ihre Tanzvorführungen diskreter ausüben. Schon am nächsten Abend hat sie wieder einen Auftritt – diesmal unter Pseudonym – und sieht in ihrem wallenden, mit bunten Dreiecken und Quadraten bemalten Gewand und der finsteren, mit Ochsenblut bemalten Maske aus wie ein Wesen von einem anderen Stern.

Kleider zu nähen, die den eigentlichen Sinn von Kleidung transzendieren und zu Kunstobjekten werden, ist Teil des Schaffens von Sophie Taeuber-Arp. Das bekannteste Beispiel sind ihre an die Tradition der amerikanischen Hopi angelehnten Stoffskulpturen. Schon seit ihrer Kindheit ist die Künstlerin von der Kultur der indigenen Völker Amerikas fasziniert, und als sie beim Besuch einer Ausstellung in Zürich zwei Katsina-Puppen sieht, die für die Hopi wichtige Geistwesen sind, ist ihr Interesse geweckt. Sie macht die Figuren mit ihren streng geometrischen Mustern zum Ausgangspunkt eigener Entwürfe. Das Ergebnis sind zwei Ensembles, ein Rock mit Bluse und eine Hose mit ärmelloser Tunika. Geradlinig geschnittene, helle Leinenteile bilden ihre Basis. Taeuber-Arp näht darauf wie in einer Collagen-Technik Stoffstücke, die aus unterschiedlichen geometrischen Formen, Farben und Texturen von Filz über

Leinen bis Seide bestehen. Dazu fertigt sie passende flache Stoffschuhe, Fäustlinge und Masken an. Sophie und ihre Schwester tragen die Entwürfe auf einem Kostümball – ein Beispiel dafür, wie die Künstlerin Kunst und Leben miteinander verknüpft.

Noch 100 Jahre nach ihrem Entstehen wirken die kunstvollen Gebilde modern. In ihnen verwirklicht Sophie Taeuber-Arp Ansätze von Slowfashion und Nachhaltigkeit, Maßstäbe, die heute mehr denn je in der Mode gelten. Es verwundert nicht, dass sie bis in unsere Zeit namhafte Modedesigner inspirieren. So zollt etwa 2015 Karl Lagerfelds Herbst/Winter-Kollektion für die Modefirma Fendi der Dada-Künstlerin Sophie Taeuber-Arp Tribut. In seiner Werbekampagne wird ein heiter-verspieltes Œuvre der Künstlerin wieder lebendig: ihre Marionetten aus dem Stück *König Hirsch*. Sie gehen zurück auf Holzskulpturen, die Taeuber-Arp 1918 zur Eröffnung des Schweizer Marionettentheaters herstellt. Heute zählen die Marionetten zu den ausgefallensten Kunstwerken der Avantgarde. Einen »Geburtsmoment der konkreten Kunst« nennt Friedrich Meschede, Direktor der Kunsthalle Bielefeld, die Puppen anlässlich einer Taeuber-Arp-Ausstellung im Winter 2014/15 in seinem Haus.

Ein Foto aus Straßburg aus dem Jahr 1926. Strahlend und dynamisch schreitet Sophie Taeuber-Arp über die Place Kléber. Sie ist der Mittelpunkt einer Dreiergruppe. Eingerahmt von ihrem Mann und dem Maler und Architekten Theo van Doesburg, dem Mitbegründer der niederländischen De Stijl-Gruppe, signalisiert sie Souveränität vom Scheitel bis zur Sohle. Sie trägt ein perfekt abgestimmtes Ensemble von zeitloser Eleganz aus Rock, Bluse und lässig fallendem geöffneten Wollmantel. Als Accessoire hat sie ein Attribut der maskulinen Kleidung gewählt, eine akkurat gebundene Krawatte, die einen Widerspruch zu ihrem femininen Look bildet und mokant die antibourgeoise Haltung ihrer Trägerin offenbart. Dazu kombiniert sie einen flotten Hut und Lederschuhe mit flachem Absatz.

Nach kleineren innenarchitektonischen Arbeiten hat Sophie Taeuber-Arp einen umfangreichen Auftrag bekommen. Selbstbewusst besteht die Gestalterin auf einem angemessenen Honorar. »Unter 20.000« für sich und ihren Mann will sie den Auftrag nicht annehmen. An der Place Kléber in der Straßburger Innenstadt baut sie einen Teil eines früheren Militärgebäudes zu einem Freizeitkomplex um. Damit erhält sie auch zum ersten Mal die Möglichkeit, ihre ästhetischen Prinzipien im großen Stil zu realisieren. Ein Traumauftrag, doch leider ist er zu groß, denn wegen ihrer Lehrtätigkeit in Zürich kann sie nur jedes zweite Wochenende nach Straßburg fahren. Daher teilt sie sich die Arbeit mit ihrem Mann und bezieht zusätzlich den befreundeten Maler und Architekten Theo van Doesburg ein. Das Trio verfolgt ein ehrgeiziges Ziel: Die *Aubette* soll ein avantgardistisches Gesamtkunstwerk werden, ein Gegenbild zur bürgerlichen Gemütlichkeit und formal streng geometrisch gestaltet. Sophie Taeuber-Arp ist die Leiterin des Projekts.

Im Februar 1928 wird die *Aubette* eröffnet, die Kunstwelt reagiert begeistert. Doch der Ruhm für die »Sixtinische Kapelle der abstrakten Kunst« geht an Theo van Doesburg. Er ist es, der die *Aubette* mit seinen theoretischen Texten erklärt und damit suggeriert, allein für die Gestaltung verantwortlich gewesen zu sein. Auf seine beiden Mitstreiter geht er nur am Rande ein. Sophie Taeuber-Arp protestiert nicht. Niemand kann Arp und ihr nehmen, was sie erschaffen haben. Aber vor allem eröffnet ihr das Honorar für die Gestaltung der *Aubette* neue Perspektiven. Nach 13 Jahren kündigt sie ihre Lehrtätigkeit. Das Honorar des Straßburger Auftrags und ihr Anteil am Verkauf des Hauses ihrer Mutter in Trogen bilden die Basis für einen Neubeginn als freischaffende Künstlerin. Sie und Arp verlegen 1929 ihren Wohnsitz nach Paris.

Die Arps werden französische Staatsbürger und lassen sich in Meudon, einem südlichen Vorort von Paris, nieder. Nach wirtschaftlich schwierigen Jahren entwirft Sophie Taeuber-Arp ein eigenes Wohn- und Atelierhaus in der Rue des Chataigniers 21. Das monolithische Gebäude aus Naturstein hat drei Stockwerke, es wirkt wie ein Turm. Endlich, sieben Jahre nach der Heirat, hat das Ehepaar ein gemeinsames Haus zum Arbeiten und Wohnen. In Paris leben zudem viele ihrer Künstlerfreunde, so Max Ernst, Gala und Paul Éluard, Miró, René Magritte, Tristan Tzara sowie Sonia und Robert Delaunay.

Ihre Erfolge als freie Künstlerin und der Umzug aus dem beschaulichen Zürich in die Modemetropole Paris wirken sich auch auf Sophies Stil aus. Ihre Kleidung kauft sie im Modesalon von Paul Poiret oder bei ihrer Freundin Sonia Delaunay. Diese Allround-Künstlerin und Schlüsselfigur der Avantgarde ist auch eine gefragte Designerin. Eine anspruchsvolle Kundschaft schätzt

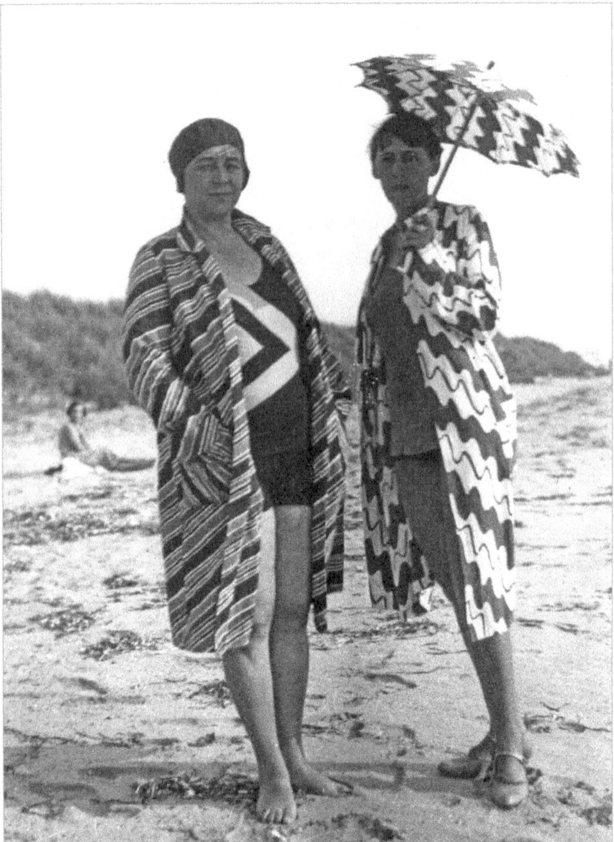

*»Nur wenn wir uns in uns selbst vertiefen und versuchen, ganz wahr zu sein, wird es uns gelingen, Dinge von Wert, lebendige Dinge hervorzubringen …«*
*Sonia Delaunay und Sophie Taeuber-Arp, 1929*

ihre eleganten »Simultan-Kleider«, tragbare Kunstwerke mit komplexen geometrischen Mustern. Die Künstlerpaare Arp und Delaunay sind befreundet und verbringen den Urlaub miteinander. Im Sommer 1929 reisen sie gemeinsam nach Carnac in die Bretagne in eine dreiwöchige Sommerfrische. Für ein Foto posieren Sonia Delaunay und Sophie Taeuber-Arp in Bademode aus Delaunays Kollektion am Strand, gleichsam als Role Models. Statt der knielangen Badekostüme, die Frauen noch wenige Jahre zuvor trugen, sieht man sie in avantgardistischen Strandtoiletten. Mit ihren für die Zeit knappen, körperbetonten Badeanzügen und kurzen Bademänteln mit auffälligen Mustern aus dynamischen Wellenlinien ziehen sie alle Blicke auf sich. Die beiden Frauen tragen die Bademäntel offen, selbstbewusst zeigen sie Figur. Sie scheuen nicht den Blickkontakt zum Fotografen. Sophie krönt ihren Auftritt am Meer mit einem auf das Muster ihres Bademantels abgestimmten exquisiten kleinen Sonnenschirm.

Sophie Taeuber-Arp kann sich in Meudon zum ersten Mal ausschließlich mit ihrer Kunst beschäftigen. In den folgenden Jahren findet sie viele neue Freunde, knüpft Netzwerke für Ausstellungen und Kooperationen und tauscht Informationen aus, auch über die politische und kulturelle Situation in Europa nach der Machtergreifung der Nationalsozialisten 1933 in Deutschland. In dieser äußert fruchtbaren Schaffensperiode entstehen über 100 neue Werke. Ihre Arbeiten werden im *Museum of Modern Art* und im *Guggenheim Museum* in New York im Rahmen von Gruppenausstellungen gezeigt. Ihre kunsttheoretischen Überzeugungen publiziert sie in einer eigenen Kunstzeitschrift, deren Herausgeberin sie wird. *Plastique plastic* verbindet durch seine transatlantische Ausrichtung die Kunstszenen in Paris und New York und erscheint ab 1937 in deutscher, englischer und französischer Sprache.

Noch scheint Meudon ein sicherer Ort für die Arps zu sein, doch ihre Tage im stillen Pariser Vorort sind gezählt. Aus Protest gegen die politische Entwicklung in Hitlerdeutschland, aber auch, um der Zensur ihrer Korrespondenz zu entgehen, geben die Arps 1936 ihre deutsche Muttersprache als Schriftsprache auf und schreiben auf Französisch. Arp trennt sich von seinem deutschen Vornamen und nennt sich von nun an Jean. Er leidet angesichts des näherrückenden Krieges an innerer Unruhe und ist ständig erkältet, doch Sophie bleibt unerschütterlich. Am 19. Dezember 1939 schreibt sie in einem Brief: »Ich glaube, das Beste, was die Künstler tun können, ist ihre Arbeit fortzusetzen, das ist unser Beitrag im Kampf gegen die monströse Barbarei, die jeden kreativen Geist unterdrückt.« Sie beginnt mit den Vorbereitungen für die Flucht, die für das Künstlerehepaar auch deshalb leidvoll ist, weil sie nicht nur das Haus zurücklassen müssen, sondern auch ihre Kunstwerke. Auf Einladung des italienischen Malers Alberto Magnelli, mit dem Arp eine enge Freundschaft verbindet, kommen sie im südfranzösischen Grasse unter. Dass sie ihr Exil mit guten Freunden teilen, macht die Isolation vielleicht erträglicher. Nach dem Tod ihres Mannes im Oktober 1941 findet sich auch Sonia Delaunay ein.

Der Alltag der Exilanten ist geprägt von Angst und Not. Schweizer Freunde und die Familie unterstützen das Künstlerpaar mit Lebensmittelpaketen. Leinwand und Farbe gibt es nicht mehr. Es entstehen Zeichnungen mit Bleistift oder Buntstiften in kleinen Formaten mit heiter und leichtfüßig erscheinenden Linien, Kurven, Spiralen und Kreisen. Der Kunst des Ehepaars sieht man die schwierigen Bedingungen, unter der sie entstanden ist, nicht an.

Das Gleiche gilt für ihre Kleidung. Auf einem Schwarz-Weiß-Foto aus dem Jahr 1942, in Marseille aufgenommen, wirken Sophie und ihr Mann wie ein gut situiertes, flanierendes Paar. Nichts an ihrem Äußeren gibt etwas preis von den schwierigen Lebensbedingungen, in denen sie sich seit drei Jahren befinden. Sie trägt ein Sommerkostüm mit engem, knielangem Rock, Bluse und perfekt sitzendem Jackett mit definierten Schultern und kurzen Ärmeln. Bemerkenswert sind auch ihr extravaganter Hut mit einem turmartigen Aufbau und die modischen Stiefeletten aus weichem Leder mit kleinem Absatz. Ihre Eleganz und Lust am Selbstausdruck zeigt ihren Überlebenswillen, ihre Disziplin und ihre Selbstkontrolle. Damit illustrieren sie die Bedeutung, die das sorgsame Ankleiden in einem Leben haben kann, das aus den Fugen geraten ist: Es gibt Halt, und es drückt Haltung aus.

Im Frühjahr 1942 erhalten Sophie Taeuber-Arp und Jean Arp dank der Fürsprache von Alfred H. Barr Jr., dem Direktor des *MoMa* in New York, Einreisevisa für die USA. Fast alle ihre Freunde aus Paris sind schon da, Mondrian, Calder und Max Ernst, der inzwischen Peggy Guggenheim geheiratet hat. Doch als die Arps erfahren, dass sie die sechswöchige Reise im Kielraum des Schiffes verbringen sollen, entscheiden sie sich gegen die Überfahrt. In einem Brief gesteht Sophie Taeuber-Arp sich ein, dass sie und ihr Mann auch Angst vor einem Neubeginn in den USA haben.

Mitte November 1942 kommt das Paar in Zürich an. Als Franzosen dürfen sie nur mit einem zeitlich begrenzten Visum in das Land einreisen, in dem Sophie Taeuber-Arp geboren ist. Flüchtlinge sind nicht willkommen, es sei denn, sie sind finanziell abgesichert. Am 13. Januar 1943 besucht die Künstlerin Max Bill und seine Frau Binia. Der alte Freund der Arps gibt als Verleger eine Zeitschrift mit Originaldrucken von Künstlern heraus, darunter eine Arbeit von Sophie Taeuber-Arp. An diesem Tag signiert sie die Blätter. Max Bill ist erschrocken. Das Exil hat Sophie gezeichnet, sie ist schmal geworden. Sie hat die Haare aufgesteckt, trägt ein hochgeschlossenes, dunkles Kleid und ein auffälliges Schmuckstück. Die spiralförmige Brosche von Alexander Calder ist Teil eines dreiteiligen Sets aus Messing mit Brosche, Ring und Ohrringen – kleinen Stäbchen, die in Spiralen übergehen. Calder hat sie ihr in Paris vor seiner Rückkehr in die USA geschenkt. Er soll ihr Glück bringen auf ihrem Weg, der, so die Hoffnung, in die Freiheit führt. Am Abend kommt auch Jean Arp vorbei. Es wird spät, und sie beschließen, gemeinsam bei den Bills zu übernachten. Es gibt zwei Schlafplätze für Gäste. Einen im geheizten Wohnraum und einen im Gartenzimmer mit einem kleinen Kanonenofen. Arp besteht darauf, im Warmen zu schlafen; seine Frau erklärt sich bereit, im Gartenhaus zu übernachten. Die Temperaturen sind eisig. Durch den Schnee geht sie zu dem kleinen Haus hinunter. Drinnen ist es kälter als erwartet. Sie legt sich angekleidet ins Bett.

Am nächsten Morgen findet ihr Mann sie, scheinbar friedlich schlafend. Sophie Taeuber-Arp hat versucht, den Holzofen anzuheizen. Dass der Abzug geschlossen ist und der Rauch sich im Raum verbreitet, bemerkt sie nicht. Sie stirbt an einer Kohlenmonoxidvergiftung.

## *Dank*

Ich bedanke mich für ihre Unterstützung bei Michael Geisler, Cerstin Henning, Adrian Hunold, Andrea Hunold, Katrin Jacobs, Marcus Keller, Uscha Kloke, Gertrud Pannek, Stefan Schwinn, Monica Strauss und Margarete Zimmermann.

*Zum Weiterlesen …*

## Zum Weiterlesen

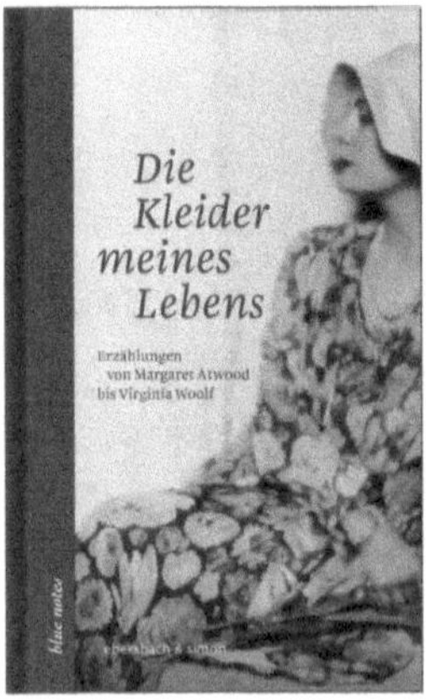


Annette Hülsenbeck (Hrsg.)
*Die Kleider meines Lebens*
*Erzählungen von Margaret Atwood bis Virginia Woolf*

*blue notes 67*, 144 Seiten
Abb., Halbleinen
Fadenheftung
ISBN 978-3-86915-149-6

Kleider, gefüttert mit Erinnerungen und Gefühlen, scheinen vieles zu verhüllen, aber sie verraten auch viel: Endlich das passende Kleid finden, sich verkleiden und jemand anderes werden, männlich, weiblich, verwegen, schön – Kleidung als Versteck oder als emotionaler Ausdruck.
Kleider mit ihrem Eigenleben üben auf viele Schriftstellerinnen eine besondere Faszination aus. Annette Hülsenbeck hat Texte von Margaret Atwood, Katherine Mansfield, Alice Munro, Virginia Woolf u. a. m. gesammelt, die von der Magie der Kleider erzählen und vom Stoff, aus dem die Träume sind.

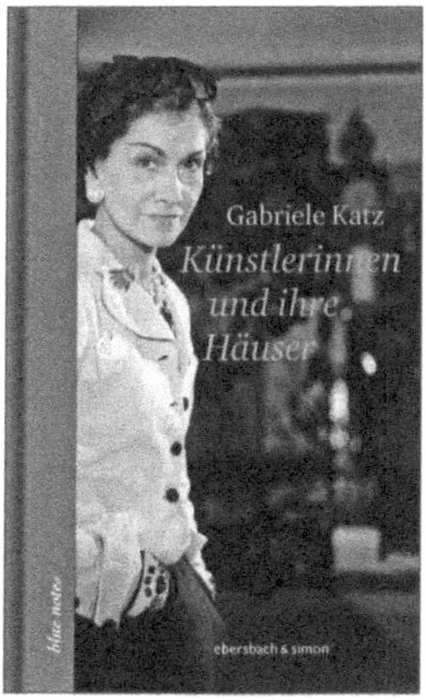


Gabriele Katz

*Künstlerinnen und ihre Häuser*

*blue notes 91*, 144 Seiten
Abb., Halbleinen
Fadenheftung
ISBN 978-3-86915-216-5

Neun außergewöhnliche Künstlerinnen, neun Häuser, neun faszinierende Lebensgeschichten: Josephine Baker, Vanessa Bell, Karen Blixen, Coco Chanel, Eileen Gray, Peggy Guggenheim, Gabriele Münter, Asta Nielsen und Virginia Woolf – ob mondänes Domizil oder bescheidene Dichterstätte, bei allen neun Künstlerinnen war das Haus nicht nur Spiegel der Biografie, sondern auch Hort der Erinnerung.

– www.ebersbach-simon.de –

Bildnachweis

© akg-images: 81; © bpk/IMEC, Fonds MCC/Gisèle Freund: 43; © Daniel Frasnay/akg-images: 99; © mauritius images/Cinema-Legacy-Collection: 6; © picture alliance/akg-images: 48; © picture-alliance/brandstaetter images/Austrian Archives: 117; © picture-alliance/dpa: 17; © picture alliance/Everett Collection: 63; © picture alliance/Glasshouse Images: 68; © Eduard Wasow, Sophie Taeuber, München, 1911–14, Archiv Stiftung Arp e. V., Berlin/Rolandswerth: 123; © Oscar White/Kontributor/Getty Image: 87; © ullstein bild – brandstaetter images: 104; © Unbekannter Fotograf, Sonia Delaunay und Sophie Taeuber-Arp, Carnac, 1929, Archiv Stiftung Arp e. V., Berlin/Rolandswerth: 134; © Walter & Konrad Feilchenfeldt/Courtesy Fotostiftung: 29.

1. Auflage 2023
© ebersbach & simon, Berlin
Alle Rechte vorbehalten

Umschlaggestaltung: Lisa Neuhalfen, moretypes, Berlin
Covermotive: Josephine Baker © mauritius mages/Alamy/Pictorial Press; Tamara de Lempicka © ullstein bild – brandstaetter images
Satz: Birgit Cirksena · Satzfein, Berlin
Druck und Bindung: GGP Media GmbH, Pößneck
ISBN 978-3-86915-277-6

www.ebersbach-simon.de

Gedruckt auf Papier aus nachhaltiger Forstwirtschaft
Printed in Germany